MARCO ✺ POLO

W0060670

KRAKAU

LETTLAND
SCHWEDEN   LITAUEN
Ostsee   RUS   WEISS-
RUSSLAND
Danzig
Stettin
Berlin   Warschau
DEUTSCH-   POLEN
LAND   Breslau
Krakau   UKRAINE
TSCHECHIEN   MD
SLOWAKEI
Wien
ÖSTERREICH   RUMÄNIEN
UNGARN

MARCO POLO Autorin
Joanna Tumielewicz

Joanna Tumielewicz mag ihre Geburtsstadt sehr und
zeigt sie gerne Gästen aus dem Ausland. Die Ger-
manistin und Kunstgeschichtlerin, die an ihrer Dok-
torarbeit über Frauen in der Kunst im 19. und 20. Jh.
schreibt, arbeitet nämlich seit vielen Jahren als Stadt-
führerin und Übersetzerin. Sie interessiert sich für
Kunst, Kino und Literatur und lebt mit ihrer Familie
und vielen Haustieren im Stadtteil Wola Jusowska.

www.marcopolo.de/krakau

← UMSCHLAG VORN:
DIE WICHTIGSTEN HIGHLIGHTS

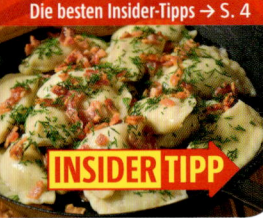

Die besten Insider-Tipps → S. 4

INSIDER TIPP

Best of ... → S. 6

Sehenswertes → S. 26

Essen & Trinken → S. 52

SYMBOLE

INSIDER TIPP	Insider-Tipp
★	Highlight
●●●●	Best of ...
☼	Schöne Aussicht
☺	Grün & fair: für ökologi-sche oder faire Aspekte
(*)	kostenpflichtige Telefonnummer

PREISKATEGORIEN HOTELS

€€€   über 130 Euro

€€   60 – 130 Euro

€   unter 60 Euro

Die Preise gelten für ein Dop-
pelzimmer pro Nacht mit
Frühstück

PREISKATEGORIEN RESTAURANTS

€€€   über 18 Euro

€€   10 – 18 Euro

€   unter 10 Euro

Die Preise gelten für ein drei-
gängiges Menü ohne Getränke.

Titelthemen: Museum „Unterirdischer Marktplatz" S. 34 | Trendviertel Kazimierz S. 42

INHALT

Einkaufen → S. 60

Am Abend → S. 66

Übernachten → S. 74

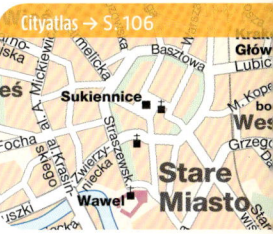
Cityatlas → S. 106

KARTEN IM BAND
(108 A1) Seitenzahlen
und Koordinaten verweisen
auf den Cityatlas
(0) Ort/Adresse liegt außerhalb des Kartenausschnitts
Es sind auch die Objekte mit
Koordinaten versehen, die
nicht im Cityatlas stehen
Einen Liniennetzplan der
öffentlichen Verkehrsmittel
finden Sie im hinteren Umschlag

**UMSCHLAG HINTEN:
FALTKARTE ZUM
HERAUSNEHMEN →**

FALTKARTE 🗺
(🗺 A–B 2–3) verweist auf
die herausnehmbare Falt-
karte

Die besten MARCO POLO Insider-Tipps

Von allen Insider-Tipps finden Sie hier die 15 besten

INSIDER **TIPP** **Schüchterne Schönheit**

Sie steht meist im Schatten ihrer bekannteren Schwestern, und doch zählt die barocke Annakirche mit ihrer reichen Ausstattung zu den prächtigsten Gebäuden des 18. Jhs. in ganz Polen → S. 32

INSIDER **TIPP** **Rechtzeitig anstellen**

Mindestens 15 Minuten sollten Sie vor der Öffnung des Hauptaltars von Veit Stoß kommen – sonst verpassen Sie womöglich vor lauter Zuschauerköpfen den größten Schatz der Marienkirche → S. 31

INSIDER **TIPP** **Ausgegraben**

Der Wawel-Hügel steckt voller Geheimnisse wie das einer fast komplett erhaltenen romanischen Rotunde, zu sehen im Museum Verschollener Wawel → S. 41

INSIDER **TIPP** **Königliche Kulisse**

Ein besonderes Erlebnis bieten an Sommerabenden Konzerte und Opern im Arkadeninnenhof des Schlosses → S. 73

INSIDER **TIPP** **Reise in die Vergangenheit**

Die wunderschönen Fotos im Galizischen Museum entführen Sie in eine längst vergessene Zeit: in die Welt galizischer Juden → S. 43

INSIDER **TIPP** **Stöbern und finden**

Der Flohmarkt am Plac Nowy ist eine echte Fundgrube, ob Sie nun eine Prada-Tasche und andere exklusive Deignstücke zu guten Preisen suchen oder silberne jüdische Kerzenleuchter → S. 44

INSIDER **TIPP** **Wo Sonderangebote zum Service gehören**

Günstiger als im Hotel Royal können Sie am Fuß des Wawel-Hügels einfach nicht wohnen. Noch ein weiterer Trumpf: der kleine Wellnessbereich → S. 81

INSIDER **TIPP** **Künstler mit grünem Daumen**

Der Garten des Józef-Mehoffer-Hauses ist ein stilles Refugium in der Großstadt (Foto o.) → S. 46

INSIDER TIPP **Japan in Krakau**
Das fernöstliche Teeritual auf der Terrasse des Cafés im Kulturzentrum Manggha versprüht mit Blick auf den Wawel-Hügel jede Menge exotisches Flair → S. 54

INSIDER TIPP **Wie bei Muttern**
Ob mit Fleisch, Kartoffeln, Pilzen oder Erdbeeren: Bei Pierożki u Vincenta erwarten Sie unzählige Variationen an *pierogi,* die für Polen typischen gefüllten Teigtaschen (Foto u.) → S. 56

INSIDER TIPP **Kinderwelt aus Holz**
Ökologisch, handgemacht und in Krakau produziert, von winzig klein bis richtig groß: Wunderschönes Kinderspielzeug aus Holz gibt es bei Bajo → S. 63

INSIDER TIPP **Schönheit der Natur**
Der gestreifte Feuerstein bei A&S ist selten und etwas ganz Besonderes. Aber auch der vielfältige, phantasievolle Schmuck aus Bernstein ist ein echter Hingucker → S. 64

INSIDER TIPP **Wohnen beim Astronomen**
Die Zimmer mit Blick auf die ul. Kanonicza im Hotel Copernicus lassen Sie das 21. Jh. vergessen. Selbst Kopernikus persönlich soll hier bereits übernachtet haben → S. 76

INSIDER TIPP **Ganz schön jenseitig**
Tod und Kunst – die Ausstellung zu barocken Begräbnisbräuchen im Erazm-Ciołek-Museum ist wohlig schauerlich → S. 37

INSIDER TIPP **Mit dem Wawel vor dem Fenster**
Die schönen Panoramazimmer im Hotel Poleski machen den Traumblick auf Hügel, Schloss und Fluss möglich → S. 79

INSIDER TIPP **Köstlicher Kultsnack**
Im U Endziora, einem Imbiss im Okrąglak auf dem Plac Nowy, lohnt sich das Anstehen für die leckeren *zapiekanka*, einer Art polnischer Pizza mit unterschiedlichem Belag auf knusprigem Weißbrot → S. 43

BEST OF ...

TOLLE ORTE ZUM NULLTARIF
Neues entdecken und den Geldbeutel schonen

● **In der ältesten Synagoge Polens**
Normalerweise kostet die *Synagoga Stara* aus dem 15. Jh. Eintritt
Montags aber können Sie den ältesten jüdischen Tempel Polens und
sein angeschlossenes Museum gratis besuchen → S. 45

● **Ohrenschmaus in den Krakauer Kirchen**
Umsonst einem Klassikkonzert lauschen, in passender Atmosphäre: In
vielen *Krakauer Kirchen* werden diese ganz besonders eindrucksvollen
musikalischen Events zum Nulltarif veranstaltet → S. 33

● **Geschichtsunterricht in der Krönungskirche**
Als Krönungskirche ist die *Kathedrale* auf dem Wawel-Hügel eine der
wichtigsten Sehenwürdigkeiten Polens – trotzdem kostet das ver-
schwenderisch ausgestattete Kircheninnere keinen Eintritt (Foto) → S. 38

● **Kunst unter dem Blätterdach**
In schönerer Umgebung finden Sie kaum eine andere Skulpturen-
ausstellung: Spazieren Sie durch die *Planty*, den Grüngürtel, der die
Altstadt umgibt, und bewundern Sie eine der größten Denkmalsamm-
lungen des 19. und 20. Jhs. → S. 33

● **Sonntags ohne Geldbeutel ins Museum**
Ob *Mehoffer-Haus, Nationalmuseum* oder das archäologische *Museum
auf dem Wawel*: Viele Daueraustellungen besuchen Sie immer sonntags, ohne den Geldbeutel zücken zu müssen → S. 33

● **Party ohne Limit**
Für alle, die gerne die Krakauer Nacht zum Tag machen
möchten und gutes Durchhaltevermögen besitzen
Ab dem frühen Morgen (1 Uhr) kommen Sie meist
kostenlos in die Clubs → S. 73

● **Umsonst ins Museum der Modernen Kunst**
Dienstags erleben Sie das Spannendste in Sachen
moderne Kunst für lau, dann kostet das *MOCAK*
nämlich keinen Eintritt. Aber: früh kommen, die
Gratistickets sind heiß begehrt! → S. 47

●●●● Diese Punkte zeichnen in den folgenden Kapiteln die Best-of-Hinweise aus

Tanzende, feuerspuckende Drachen

Die Legende lebt: Der Drache aus der mittelalterlichen Sage ist stets im Stadtbild präsent und Mittelpunkt der alljährlichen *Drachenparade* im
Juni, einem Fest mit vielen Konzerten und
Familienpichnick an der Weichsel → S. 90

In der Studierstube des Astronomen

Als Nikolaus Kopernikus im *Collegium
Maius* studierte, war die älteste polnische
Universität bereits 130 Jahre alt. Eine Füh-
rung durch die prächtige Bibliothek ist wie
eine Reise durch die Zeit → S. 29

Im Herzen der Stadt

Der *Rynek Główny* ist nicht nur der größte gotische Platz Europas, er ist auch einer der schönsten.
Besteigen Sie den *Rathausturm* und lassen Sie sich von
der einmaligen Weite und der Architektur des „Großen Mark-
tes" verzaubern → S. 33, 35

Internationale Jazzer live erleben

Krakau ist eine Jazzstadt, und in *Harris Piano Jazz Bar* spielen die Großen im tollen Backsteinambiente eines alten Kellers – bei guten Drinks
die Energiereserven aufladen! (Foto) → S. 70

Königliche Teppiche, die Geschichten erzählen

Monarchen wissen einfach, wie man sich stilvoll einrichtet: Bestaunen
Sie die kostbaren seidenen Wandteppiche im *Schlossmuseum* auf dem
Wawel-Hügel, die König Zygmunt August im 16. Jh. eigens in Brüssel
herstellen ließ → S. 41

Die versunkene Welt des mittelalterlichen Krakau

Tief hinein in die Stadtgeschichte geht es im wahrsten Sinne des Wor-
tes im Museum *Rynek Podziemny (Unterirdischer Marktplatz):* Unter
den Tuchhallen wartet die geheimnisvoll illuminierte und detailgetreu
nachgebaute Welt des mittelalterlichen Krakau → S. 34

Synagogen und der Sound von Klezmer

In Kazimierz können Sie der jüdischen Geschichte und Kultur Krakaus
intensiv nachspüren: Am Abend wird im *Klezmer Hois* zu jüdischem
Essen die typische, swingende, alle möglichen Stile in sich vereinende
Klezmermusik serviert → S. 59

TYPISCH

BEST OF ...

REGEN

● *Besuch bei einer Dame mit Haustier*

Einen echten Leonardo da Vinci? Den können Sie im *Czartoryski-Museum* bewundern. Dort bittet die „Dame mit dem Hermelin" zur Audienz, inmitten vieler weiterer kostbarer Kunstwerke vom Mittelalter bis ins 19. Jh (Foto) **→ S. 32**

● *Einen Kaffee mit Buch, bitte!*

Kaffee trinken, in Büchern und Bildbänden schmökern, Postkarten kaufen und schreiben, Fotoausstellungen bewundern, auf besseres Wetter warten: Willkommen im *Café Bona*! **→ S. 61**

● *Flucht in die Traumfabrik*

Inmitten von Plüschsesseln und alt aussehenden Kinolampen lassen sich im *Ars-Kinozentrum* mit seinen fünf herrlich antiquierten Sälen Regenstunden besonders atmosphärisch verbringen. Auch schön: das Kinocafé Kiniarnia **→ S. 71**

● *Bummel zwischen Backsteinen*

Im Einkaufszentrum *Galeria Kazimierz* wurde die alte Backsteinarchitektur in die moderne Konstruktion integriert. Dieser besondere Charme sorgt zusammen mit Kinos, Restaurants, Cafés und einer Spielecke für Kinder für Shopping der schöneren Art **→ S. 62**

● *Durch die schweren Zeiten des Krieges*

In der ehemaligen Emaillefabrik von Oskar Schindler begleiten Sie die jüdische und nicht-jüdische Bevölkerung durch das unsägliche Leid der Nazi-Okkupation. Eine sehr authentische Erfahrung, für die Sie sich viel Zeit nehmen sollten **→ S. 46**

● *Affen im Naturkundemuseum*

Was machen die Affen bloß zwischen den Aquarien mit bunten Fischen? Suchen Sie die Antwort selbst, im *Aquarium und Naturkundemuseum* mit seinen heimlichen Stars: den beiden Lisztäffchen **→ S. 88**

● **Den Blumen beim Wachsen zuschauen**

Stolze 10 ha groß ist der *Botanische Garten*. Sich an einem warrmen Tag an den kleinen See setzen, lesen oder einfach nur den Blumen beim Blühen zuschauen – was will man mehr? (Foto) → **S. 49**

● **Neue Energie für müde Glieder**

Einzigartige Bernsteinmassagen, orientalische Entspannungskunst, Schokoladenpeeling: Tanken Sie genussvoll auf, zwischen handgemachten Möbeln aus Bali, im *Farmona Wellness & Spa* → **S. 71**

● **Im Garten der Villa**

Im 16. Jh. stand die *Decius-Villa* noch draußen vor der Stadt. Aber auch heute noch bietet ihr Park mit dem schönen Café und den Skulpturen des Künstlers Bronisław Chromy jede Menge Ruhe → **S. 49**

● **Berauschende Blicke beim Abendessen**

Ein Abendessen im ehrwürdigen *Restaurant Wentzl* ist für sich schon ein Fest für die Sinne. Doch der Blick auf den Rynek Główny und die beleuchtet Marienkirche machen es zum Rundumgenuss → **S. 58**

● **Pack die Badehose ein!**

Verbinden Sie doch einfach den Stadt- mit einem Badeurlaub: Die künstlichen Seen in *Kryspinów* vor den Toren Krakaus bieten jede Menge relaxte Sommerfrische → **S. 71**

● **Chillen in perfekter Umgebung**

Der Name des *Chill Out Clubs* ist Programm: Wie wär's mit einem Wasserpfeifchen bei entspannter Musik? Einem Drink auf dem Sofa in einer lauen Sommernacht im Garten? Und die feinen Snacks? Die machen einen verbummelten Nachmittag perfekt → **S. 72**

● **Schwankende Planken**

Langsam zieht die Stadt an Ihnen vorbei, während eine sanfte Brise uber die Reling weht: Eine *Bootsfahrt auf der Weichsel* ist das ideale Kontrastprogramm zur üblichen Stadtbesichtigung → **S. 100**

AUFTAKT

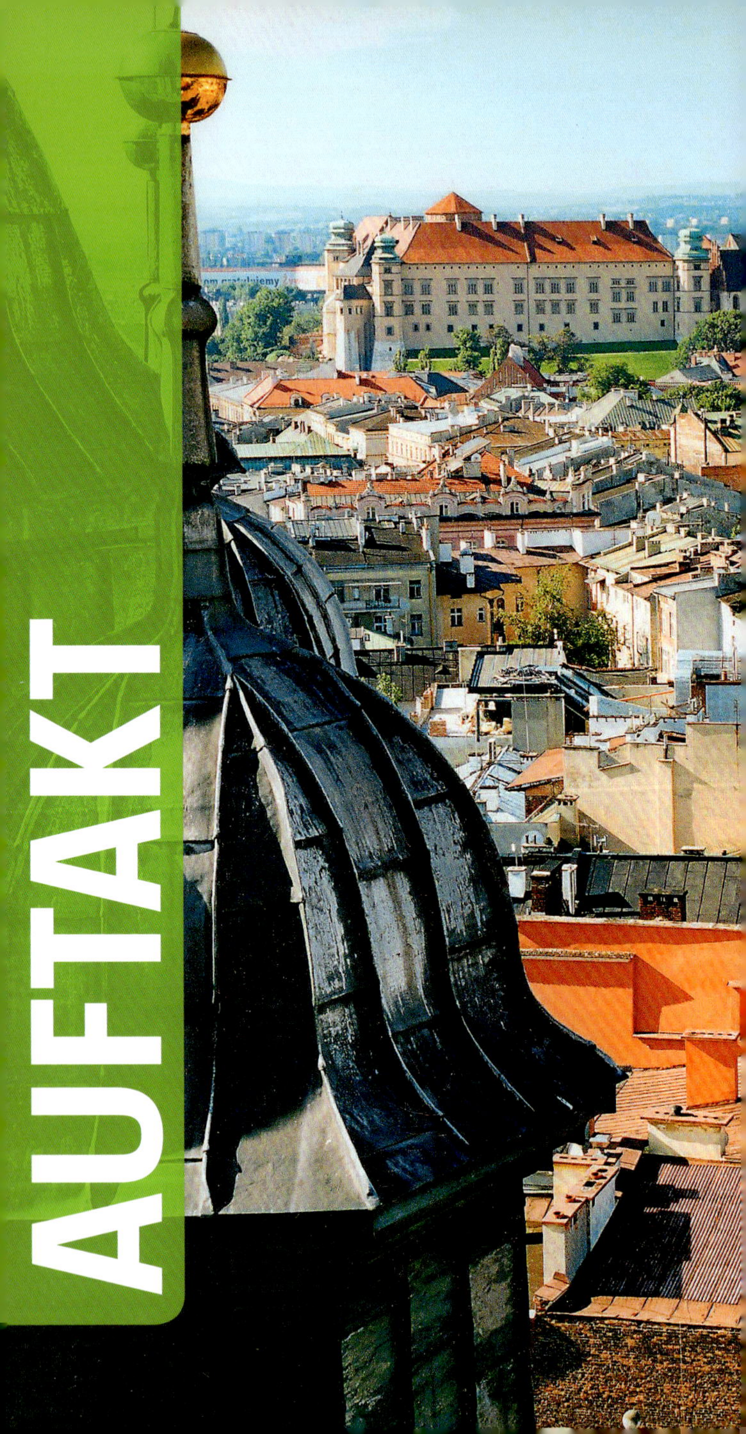

ENTDECKEN SIE KRAKAU!

In Krakaus Gesicht spiegeln sich die Jahrhunderte. Aber von steifer Museumsatmosphäre keine Spur: Die Metropole an der Weichsel steckt voller Energie und fast südländischer Lebhaftigkeit. Es scheint, als lägen über der Stadt gleich mehrere Zauber. Einer, der sie jahrhundertelang vor Zerstörung schützte. Einer, der sie im 14. und 15. Jh. zu einem der wichtigsten geistigen Zentren Europas machte, in dem Künstler und Freigeister, Denker und Gelehrte liberal und ohne Einschränkungen ihre Ideen entwickeln konnten. Und einer, der das Juwel an der Weichsel heute zur am häufigsten besuchten Stadt Polens macht. Krakaus besondere Atmosphäre, ein Mix aus Kultur und prallem Leben, aus Historie und Moderne, aus Zukunft und Legenden, lockt Gäste von überall her. Und es werden Jahr für Jahr mehr – um auf den Spuren von Kopernikus zu spazieren, um Festivals mitzuerleben und auf Zeitreise inmitten unvergänglicher Architektur zu gehen. Oder um das Leben zu genießen, in Restaurants, Cafés und Clubs, die sich nicht vor denen größerer Metropolen verstecken müssen.

Bild: Blick von der Marienkirche auf Schloss und Kathedrale

Krakau hat ein großes Herz. Genaugenommen ist es eines der größten der Welt: Der Rynek Główny, der Marktplatz im Zentrum der Altstadt, misst 200 mal 200 m, eine Fläche, die allein schon durch ihre Weite inmitten des schachbrettartig angelegten Häusermeers beeindruckt. Umgeben ist das Herz Krakaus von reiner Schönheit, von Häusern und Gebäuden aller Architekturstile und aus allen Jahrhunderten. Denn die Metropole an der Weichsel hat die letzten 800 Jahre ihrer Geschichte praktisch unzerstört überstanden, hat ihre Schätze und ihr Erbe ins Heute gerettet. Und ist dabei alles andere als ein Museum: Auf dem Marktplatz konzentriert sich das Leben, hier treffen sich die Krakauer, hier ist das meiste los, bis tief in die Nacht – und tief unter der Erde.

> **In den Sommernächten kommt Krakaus Kreislauf auf Hochtouren**

Denn eine ganze Reihe der mehr als 100 Cafés, Restaurants, Bars und Clubs rund um den Rynek Główny, die Krakaus Kreislauf vor allem in warmen Sommernächten auf Hochtouren bringen, liegen in urigen Kellergewölben aus Backstein unter der Straße. Die Lebensadern der Stadt reichen tief: Weil die Weichsel immer wieder für Überschwemmungen sorgte, setzte man im späten 13. Jh. kurzerhand das ganze Zentrum auf ein höheres Niveau. 600 Jahre später, als die Wohnungen knapp wurden, erinnerten sich die Bürger der unterirdischen Straßenzüge, gruben die endlosen Gänge wieder aus, nutzten sie als Warenlager und Verstecke. Oder eben zum Vergnügen, wie Nachtschwärmer heute erleben können. Die Krakauer gehen gerne aus, zu jeder Tageszeit sind die Lokale voll. „In Warschau", sagt man „wird gearbeitet, in Krakau gelebt."

Dass die ungeliebte Schwester vor 400 Jahren mit dem Umzug des Königshofs auch die Hauptstadtwürde bekam, hat Krakau nur schwer verwunden. Doch die Stadt kompensierte den Sturz in die relative Bedeutungslosigkeit auf ihre Weise: Sie

Erinnerungen an Wien und den Fin de Siècle: Fiaker am Rynek Główny

wurde zur Magischen, zur Bewahrerin von Geschichten und Legenden, zur Mäzenin von Dichtern, Musikern und Malern. Dass Krakau heute als Polens Kulturhauptstadt gilt, liegt also nicht nur an der Pracht ihrer architektonischen Schätze, die dem gesamten Zentrum das Prädikat des Unesco-Weltkulturerbes einbrachten. Es sind auch die – gemessen an der relativ kleinen Einwohnerzahl von

> ## Polens Kulturhauptstadt und ihre Schätze

rund 750 000 – vielen Theater, Konzertsäle, Galerien und Museen, die diesen Ruf unterstreichen. Dazu kommen eine Jazzszene, die von Kennern nur noch mit der von New York verglichen wird, und jede Menge Künstler von Weltrang, wie der Regisseur und Oscarpreisträger Andrzej Wajda oder der Komponist Krzysztof Penderecki, einer der führenden Vertreter der polnischen Avantgarde, die in Krakau leben. Auch die Literatur-Nobelpreisträgerin und Lyrikerin Wisława Szymborska verbrachte fast ihr ganzes Leben in der Stadt an der Weichsel, wo sie auch im Februar 2012 starb. Ganz zu schweigen von der Klezmermusik, der traditionellen jüdischen Volksmusik, die lebendig ist wie eh und je und die Bedeutung Krakaus als ehemaliges Zentrum jüdischen Lebens in Europa unterstreicht.

Das jüdische Erbe Krakaus konzentriert sich auf Kazimierz, eine ehemals unabhängige Stadt, die um 1800 eingemeindet wurde. Viele Juden, die 1495 nach Pogromen vom damaligen König aus Krakau ausgesiedelt wurden, fanden hier ihre neue Heimat und machten Kazimierz zu einem bedeutenden Mittelpunkt ihrer Kultur. Das friedliche Miteinander mit den katholischen Nachbarn endete erst mit der deutschen Besetzung Polens 1939: Nur rund 4000 der 60 000 in Kazimierz lebenden Juden überlebten die nationalsozialistischen Gräuel. Regisseur Steven Spielberg setzte mit seinem Film "Schindlers Liste" dem Leiden der Krakauer Juden – die 1939 25 Prozent der Einwohner stellten – und dem Industriellen Oskar Schindler, der mehr als 1100 Zwangs-

arbeiter vor der Ermordung rettete, ein Denkmal. Heute hat sich Kazimierz seine ganz eigene Atmosphäre bewahrt, eine, in der die glücklichen Zeiten der Vergangenheit wieder aufleben: Ende Juni, Anfang Juli findet etwa mit dem Fest der jüdischen Kultur das wohl bedeutendste Festival Krakaus in Kazimierz statt. Es ist ein junger und hipper Bezirk, beliebt bei Studenten und Künstlern, angesagt bei Nachtschwärmern und Szenegängern, die in Kneipen und Cafés die Sommernächte durchfeiern und auf Flohmärkten nach Retro-Chic stöbern.

Überhaupt zeichnet sich das jahrhundertealte Krakau durch jugendliche Frische aus. Mit mehr als 120 000 Studierenden ist es eine junge Stadt, deren dynamische Entwicklung sich auch in der Einrichtung immer neuer staatlicher und privater Hochschulen zeigt. Sie existieren neben der ältesten Universität des Landes, die gleichzeitig auch eine der ältesten der Welt ist: Ihre Gründung fällt ins Jahr 1364. Der Wawel Hügel, mit dem Schloss und der Kathedrale einer der touristischen Höhepunkte der Stadt, war bereits vor über 50 000 Jahren besiedelt. Ab 1400 v. Chr. ist der Salzabbau in der Krakauer Umgebung nachgewiesen.

**Lehren und lernen:
Seit 1364 ist Krakau
Universitätsstadt**

Im Jahr 965 dann wird die Stadt das erste Mal schriftlich erwähnt, ein Zeichen dafür dass sich die Siedlung auf dem Wawel-Hügel zum bedeutenden Handelsplatz an der Salz- und Bernsteinstraße entwickelte. Krakau wuchs, wurde zum Bischofssitz und zur

Und überall sticht ein Kirchturm ins unendliche Blau: Blick vom Rynek Główny zur Marienkirche

Hauptstadt, musste im 13. Jh. aber auch verheerende Überfälle der Tataren überstehen. Ein Trompetensignal, das zu jeder vollen Stunde vom Turm der Marienkirche erklingt, erinnert an diese Angriffe: Der *hejnał* bricht abrupt ab, weil der Turmwächter als er seine Warnung blies, von einem Pfeil getroffen wurde – ein erneuter Beweis dafür, wie weit die Geschichte in Krakau zurückreicht, und wie sehr sie in die Gegenwart hineinwirkt. Denn das Trompetensignal wird jeden Tag um 12 Uhr in ganz Polen live im Radio übertragen. Im 15. und 16. Jh. erlebte Krakau seine Glanzzeit, die sich besonders in der prachtvollen Renaissancearchitektur widerspiegelt. Die Stadt zog Künstler, fortschrittliche Denker und Gelehrte an. Nikolaus Kopernikus etwa, der Jahre später ein neues Weltbild entwerfen sollte, studierte an der Krakauer Universität. Über 400 Sehenswürdigkeiten finden sich innerhalb der Planty, eines Rings von Grünanlagen rund um die Altstadt. Dazu gehören alte Bürgerhäuser, Paläste der Aristokratie, berühmte Museen mit Sammlungen internationaler und polnischer Kunst und nicht zuletzt 60 Kirchen. Besonders die Zahl der Gotteshäuser, die von Königen, Adel und reichem Bürgertum gestiftet wurden, ist ein Symbol des Reichtums. Die Kirchen bergen weltberühmte Schätze wie den Altar in der Marienkirche, der vom Bildhauer Veit Stoß geschaffen wurde, und ziehen Kunstliebhaber und Pilger an.

Krakau war schon immer auch Zentrum des religiösen Lebens in Polen. Als Bistum und Krönungsplatz der polnischen Könige spielte es eine besondere Rolle. Oft wird es „päpstliche Stadt" genannt, obwohl Karol Wojtyła, der spätere Papst Johannes Paul II., nicht hier, sondern in Wadowice zur Welt kam. Allerdings verbrachte er mehr als 40 Jahre in Krakau und prägte es auf besondere Weise. Nicht nur in der Zeit der Nazi-Okkupation, während der er verbotenerweise Theologie studierte, stellte sich der spätere Erzbischof von Krakau gegen die herrschenden Machthaber: Weil den Arbeitern in Nowa Huta vom religionsfeindlichen sozialistischen Regime im Nachkriegspolen der Bau einer Kirche verboten wurde, zelebrierte er aus Protest Freiluftmessen bei jedem Wetter. Seine und die Opposition der Arbeiter trug Früchte, denn 1977,

Zentrum des religiösen Lebens in Polen

ein Jahr vor seinem Pontifikat, konnte Karol Wojtyła die Kirche „Arche des Herrn" in Nowa Huta weihen. Überhaupt: Krakau und der Sozialismus. Extremere Gegensätz hätte es nicht geben können. Dort die Stadt der Liberalen, der Frei- und Andersdenker, dort das Regime, das für diese bourgeoisen Tendenzen in einer klassenlosen Gesellschaft keinen Platz sah. Also ließen die Machthaber den Stadtteil Nowa Huta und das dazugehörige Stahlwerk aus dem Boden stampfen, um dem bürgerlichen Widerstand durch die Ansiedlung proletarischer Arbeiter den Wind aus den Segeln zu nehmen. Doch das Gegenteil war der Fall: Ausgerechnet die Arbeiter und ihr Festhalten an der katholischen Kirche waren es, die am Ende das System zu Fall brachten.

Die Stahlfabrik ist Geschichte, die Umwälzungen durch das Ende des Sozialismus und die Öffnung des Landes in den 1990er-Jahren verarbeitet. Krakau lebt heute von den Touristen und von seiner Rolle als Verwaltungszentrum. Die Stadt ist der größte Arbeitgeber der Region, die Arbeitslosenquote liegt bei 7, die landesweite bei 12 Prozent. Immer mehr Gäste besuchen Leonardo da Vincis „Dame im Hermelin", bewundern die Tuchhallen auf dem Marktplatz oder schlendern durch Nowa Huta. Die Krakauer wissen, dass sie in einer besonderen Stadt leben – und sind sehr stolz auf sie. Sie lieben und kultivieren ihre Geschichte und Traditionen, und sie können sie tagelang feiern, ob der Grund nun weltlich oder religiös sein mag. Man sagt den Krakauern aber auch nach, dass sie sehr sparsam, um nicht zu sagen geizig seien. Das mag vielleicht stimmen, aber gleichzeitig sind sie gastfreundlich und weltoffen. So sehr, dass sich manche, wie der Geiger Nigel Kennedy, in die Stadt derart verlieben, dass sie hier bleiben, leben, arbeiten und an Krakaus ewiger Geschichte mitschreiben.

IM TREND

1 In der Milchbar

Bodenständig Krakau ist die Geburtsstätte der *Bar Mleczny*, der Milchbars, und hier startet auch das Revival. In ganz Polen erfreuen sich die einfachen Lokale wachsender Beliebtheit, auch bei immer mehr jungen, trendy Krakauern. Populär ist das *U Pani Stasi (ul. Mikolajska 16),* wo man sich glücklich schätzen muss, wenn man mittags einen der Sitze ergattert. In der *Bar Dworzanin (ul. Floriańska 19)* gibt es zusätzlich zu *pierogi* und Co. eine Salatbar. Wer die typische Hausmannskost kennenlernen will, macht einen kulinarischen Spaziergang mit *www.coloursofpoland.com.*

2 Sehr anziehend

Mode Krakaus Designer lieben es ausgefallen. *Studio B3 (bei Flower & Banana, ul. Józefa 11)* schenkt den Details bei seinen Kreationen besondere Aufmerksamkeit: Raffungen, Falten, Applikationen. *Fama (www.fama.krakow.pl)* setzt auf coole Schnitte und Silhouetten, während *Atelier Femini (ul. św. Jana 5, Foto)* seinem Namen mit verspielten Kreationen Ehre macht.

3 Kaffee mit Kultur

Kunstgenuss Sightseeing-Müde verschnaufen bei Kaffee oder Tee – dabei bleibt der Blick an den Caféwänden hängen. Denn dort prangt immer häufiger Kunst. Im *Café Mlynek (pl. Wolnica 7)* sorgen wechselnde Fotoausstellungen für Gesprächsstoff. Im *Café Pod Kasztanowcem* ist die Kunst ebenfalls ein ganz naheliegendes Thema. Das Kaffeehaus gehört zum *Wyspiański Museum (ul. Szczepanska 11)*. Kunst hängt nicht nur an der Wand, sie steht auch im Regal. Das weiß man im *Massolit (ul. Felicjanek 4, Foto)*. Das kunterbunt eingerichtete Café hat eine große englischsprachige Bibliothek.

Loftbesitzer auf Zeit

Schöne Abstiege Statt in Hotel oder Pension abzusteigen, übernachten immer mehr Krakaubesucher im eigenen Apartment. Die Rede ist nicht von den typischen Ferienwohnungen, sondern von urbanen Lofts in den beliebtesten Vierteln der Stadt. Die Studios von *La Goia Apartements (www.lagioiaapartments.com, Foto)* sind etwas für Designliebhaber. Durchgestylte Badezimmer, frei schwebende Treppen und integrierte Backsteinmauern gehören zum Look dazu. Das i-Tüpfelchen sind Sauna, Whirlpool und Fitnessstudio im Parterre. Die Wohnungen von *Cracow Loft Apartements (www.cracowlofts.com)* liegen meist in historischen Häusern und verströmen großstädtischen Altbauflair – ohne dabei auf Komfort zu verzichten. Äußerst stilvoll geht es auch in den *Sebastiana Apartments (www.oldtownapartment.com)* zu.

4

Nachtleben

5

Hier geht's zur Sache Im Konkurrenzkampf zwischen Warschau und Krakau hat die Hauptstadt in Sachen Nachtleben oftmals das Nachsehen. In Krakau sind die Nächte in der Altstadt länger und die Feiern wilder. Im *RDZA (ul. Bracka 3–5)* legen internationale DJ-Größen auf und das *Prozak (pl. Dominkański 6)* ist fast so legendär wie sein Lineup. Im *Club Fusion (ul. Floriańska 15)* lohnt sich der Spontanbesuch: Dort finden auch mal extravagante Modeschauen oder Kunstperformances statt. Das *Frantic (ul. Szewska 4)* ist bekannt für ausgezeichnete Stimmung. In einem alten Kellergewölbe mit Sofas in den Ecken wird so die Nacht zum Tag. Vorwiegend schwules Publikum trifft sich im *Kitsch (ul. Wielopole 15)*.

STICHWORTE

FIN DE SIÈCLE

Im 19. Jh., während der österreichischen Besatzung, vertieften sich die Beziehungen zwischen Wien und Krakau. In der polnischen Stadt herrschte große, seit dem Mittelalter nicht gekannte kulturelle Freiheit, besonders im Vergleich zu den Verhältnissen in der preußischen Besatzungszone und in Warschau unter russischer Herrschaft. Kunst, Theater, Kabarett und Literatur erblühten, die Stadt lockte einmal mehr in ihrer langen Geschichte Maler, Architekten, Schriftsteller an. Besonders die zweite Hälfte des 19. Jhs. – in der polnischen Kunstgeschichte *Jungpolen (Młoda Polska)* genannt – wurde von der Wiener Secession beeinflusst, einer Vereinigung bildender Künstler in der österreichischen Hauptstadt und in Paris.

Die Fin-de-Siècle-Stimmung fand ihren Ausdruck im Jugendstil: Die jungen Künstler wollten eigene Wege gehen moderne Themen aufnehmen, ohne Vorgaben arbeiten. Um Stanisław Przybyszewski und seine Frau Dagny Juel gruppierten sich Maler wie Stanisław Wyspiański und Józef Mehoffer, der Komponist Karol Szymanowski und Literaten wie Tadeusz Boy-Żeleński. In literarischen Texten prangerte dieser die konservativen Krakauer und ihren Geiz, ihre Angst vor Neuem und ihre Kleingeistigkeit an. Im Café *Jama Michalika* (→ S. 54) hängen noch heute die Bilder, mit denen die Künstler ihre Schulden beglichen. Die größte Auswahl polnischer Kunst des 19. Jhs. befindet sich in den Tuchhallen auf dem Marktplatz.

Bild: Am Weichselufer mit Blick auf Königliches Schloss und Kathedrale

Von Kunst und Legenden, Jazz und Klezmer, Königen und Päpsten, Prinzessinnen und Drachen – und der Magie einer Stadt

GALIZIEN

Als Galizien (offiziell: Königreich Galizien und Lodomerien mit dem Großfürstentum Krakau und den Fürstentümern Zator und Auschwitz) bezeichnet man die heute in der Ukraine und in Polen liegenden Gebiete, die 1772 bis 1918 Teile der habsburgischen Monarchie waren. Die Hauptstadt Galiziens war Lemberg (Lviv) in der heutigen Ukraine, Krakau wurde nach der dritten polnischen Teilung 1795 Teil des Königreichs. Für die Stadt an der Weichsel bedeutete dies zwar eine ökonomisch sehr schlechte Zeit, im kulturellen Sinn aber genoss die Provinz relativ viel Freiheit. Es entfalteten sich Kunst und Kabarett, das polnische Theater und die Literatur in polnischer Sprache – obwohl Deutsch Amtssprache war.

An die Atmosphäre dieser Zeit erinnern im heutigen Krakau Cafés wie das *Noworolski (→ S. 54)* oder das *Kawiarnia Europejska,* das *Restaurant Hawełka (→ S. 57)* wirbt sogar mit der Bezeichnung „Offizieller k u. k-Hoflieferant". Die Fiaker am Marktplatz erinnern an Wien, die Stadt,

Krakau hat den Jazz im Blut, kein Tag vergeht ohne mitreißende Livekonzerte

die für Krakau in dieser historischen Epoche Vorbild in Kunst und Architektur gewesen ist. Und Österreichs Kaiser Franz Josef schaut heute noch vom Schild des *Restaurants Pod złotą Pipą (Floriańska 30)* auf die Gäste, die im gotischen Keller speisen möchten. Eine unrühmliche Wiederbelebung des Namens Galizien findet in den Jahren 1941 bis 1944 statt: Unter der Nazi-Okkupation wurde der Teil des Generalgouvernements mit Krakau als Hauptstadt so genannt.

HÜGEL

In der Stadt gibt es vier künstlich aufgeschüttete Hügel, zwei sind vorchristliche Begräbnishügel (*Kopiec Wandy* in Nowa Huta und *Kopiec Krakusa* in Podgórze). Der *Kościuszko-Hügel* dagegen wurde 1820 mit Hilfe der gesamten Bevölkerung aufgeschüttet, sein Name erinnert an den Anführer des ersten Aufstands gegen die russischen Besatzer im Jahr 1794. Der *Piłsudski-Hügel* entstand 1937 und erinnert an

Marschall Józef Piłsudski, der im Erster Weltkrieg die polnischen Legionen führte. Die Aufschüttung enthält Erde alle Schlachtfelder, auf denen polnische Soldaten kämpften. Beide Hügel befinden sich im Las Wolski (Wolski-Wald), vom Kościuszko-Hügel haben Sie einer schönen Panoramablick.

JAZZ

Krakau wird als die Hauptstadt des polnischen Jazz bezeichnet, und tatsächlich ertönt die Musik, so scheint's, Tag und Nacht in den vielen Cafés, Restaurants und Clubs in der ganzen Stadt. Der Beginn des Phänomens geht auf die frühen 1920er-Jahre zurück, als die ersten richtigen Jazzbands in Krakau zu spielen begannen. Nach 1945 wurde der Jazz im kommunistischen Polen in den Privatbereich verbannt: Die Musiker spielten in ihren Wohnungen, wo allerdings nicht nur musiziert, sondern auch diskutiert und das neue System kritisiert wurde. Mit der Zeit entwickelte sich auf diese

Weise eine Untergrundszene, die erst 1954 ihr Ende fand, als Jazzmusik wieder ganz offiziell gespielt werden durfte. In den 1960er-Jahren fanden dann die ersten Festivals statt: *Krakowska Jesien Jazzowa (Krakauer Jazzherbst)* ist eines der wichtigen Jazzfestivals in Europa, bei dem regelmäßig international bekannte Größen auf den Bühnen stehen.

Der ruhigen – und eher klassischen – Version des Jazz lauscht man am besten im *Piano Rouge (→ S. 70)* oder im *Stalowe Magnolie (→ S. 69)*. *Indigo (→ S. 70)* oder *Alchemia (→ S. 72)* laden dagegen eher Künstler ein, die sich dem jungen, experimentellen Jazz widmen. Hier kommen Liebhaber von Free-, Punk- und Avant-Jazz auf ihre Kosten, und in den Clubs *Prozak (pl. Dominkański 6 | www.prozak.pl)* oder *Ministerstwo (ul. Szpitalna 1 | www.klubministerstwo.pl)* wird der Jazz tanzbar. Die beste Werbung für die Krakauer Szene ist der weltbekannte Geiger Nigel Kennedy, der seit seiner Heirat in Krakau lebt. Der Schüler von Yehudi Menuhin spielt oft mit polnischen Kollegen bei spontanen Jamsessions in Pubs wie etwa dem *Piec Art (→ S. 71)*.

KLEZMER

Die ersten schriftlichen Aufzeichnungen über die *klezmorim,* die fahrenden Musiker jüdischer Tradition, stammen aus dem 15. Jh. Ursprünglich sorgten sie für fröhliche Tanzmusik bei Feierlichkeiten wie Hochzeiten oder Erntedankfesten, wobei sich die heutige Ausprägung des Stils wohl auf das 19. Jh. und die Hochzeitsmusik der aschkenasischen Juden Osteuropas bezieht. Es finden sich aber auch Elemente ukrainischer, russischer, bulgarischer und Musik der Sinti und Roma in der Mischung aus zeremoniellen Melodien und Volksweisen. Früher wurde das Repertoire mündlich an die nächste Generation weitergegeben, sodass ganze Klezmer-Musikerdynastien entstanden – Leopold Kozłowski etwa, geboren 1918, ist der letzte Vertreter der Brandwein-Dynastie und der letzte Klez-

KRAKAUER KÜNSTLERDUO

Zwei große Künstler haben Krakau zu völlig unterschiedlichen Zeiten geprägt, der eine im 15., der andere im 19. Jh. Veit Stoß kam 1477 von Nürnberg nach Krakau. Wo der Bildhauer und Maler sein Handwerk erlernte, ist ebenso wenig gesichert wie die Antwort auf die Frage, welche Werke er zuvor in Nürnberg schuf. Berühmt wurde er durch den monumentalen Hochaltar in der Marienkirche: Der 13 m hohe, 11 m breite Altar gilt als Meisterwerk der gotischen Schnitzkunst. Nach 19 Jahren verließ Stoß als angesehener Bürger Krakau und kehrte nach Nürn- berg zurück, wo er sich mit zahlreichen weiteren Meisterwerken verewigte und schließlich 1533 starb.

Die größte Künstlerpersönlichkeit des Fin de Siècle im 19. Jh. war Stanisław Wyspiański, ein vielseitiger Tausendsassa, der in Paris studiert hatte und als Maler und Schriftsteller reüssierte. Außerdem entwarf er Möbel und ganze Innenausstattungen, die Kulissen für seine Theaterstücke und Glasfenster wie die in der Franziskanerkirche. Die Natur, die einfache bäuerliche Wirklichkeit und die polnische Geschichte sind die Leitmotive seines Schaffens.

mermusiker Galiziens, der bereits vor dem Holocaust die traditionelle Musik der Juden komponierte und spielte. Besonders in Amerika hat sich die Klezmermusik weiterentwickelt und zu einer ganz eigenen Richtung gefunden.

Aber auch in Polen und in Krakau folgen viele junge Bands wie etwa *Kroke (www. kroke.krakow.pl)* oder *Nazzar* den Spuren ihrer Ahnen nach und spielen deren Musik mit den typischen Instrumenten Klarinette, Geige und Trommel. Zu hören sind sie in Synagogen und Restaurants, im Galizien-Museum oder während des jüdischen Kulturfestivals intonieren.

LEGENDEN

In Krakau begegnen Sie Ihnen auf Schritt und Tritt, Legenden und Sagen, die sich um die Stadt und ihre Geschichte ranken. Die bekannteste ist wahrscheinlich die vom Drachen, dem in einer Höhle des Wawel-Hügels die Jungfrauen der Stadt geopfert wurden. Erst ein Schuster brachte ihn mit einer List zur Strecke: Er warf dem Untier ein mit Schwefel, Pech und Pfeffer gefülltes Schaf vor, was dem Drachen ordentlich den Magen verdarb. Zur Linderung soff er so lange aus der Weichsel, bis er platzte – und der Schuster erhielt als Lohn die Prinzessin zur Frau. Der Drache selbst ist heute noch lebendig: Er spaziert über den Marktplatz, kann an jedem Stand als Plüschtier gekauft werden und im Sommer ziehen bunte Drachen in einer Parade durch die Stadt. Selbst die Tauben auf dem Rynek Główny sind Teil einer Legende. Sie sollen Ritter sein, deren Herr sich von einer Hexe Geld geliehen hatte und die wegen seiner Schulden verwandelt wurden. Daher werden die Vögel auch nicht vom Marktplatz vertrieben.

Nicht nur das Trompetensignal von der Marienkirche, das zu jeder vollen Stunde über die Stadt schallt und Punkt 12 Uhr landesweit im Radio übertragen wird, erinnert an den Tatarenüberfall aus dem 13. Jh. Auch der *Lajkonik*, ein als Tatar verkleideter Mann, lässt die kriegerischen Zeiten aufleben. Im Sommer spaziert er über den Marktplatz und will jeden mit seinem Zepter berühren. Lassen Sie es zu – es soll Glück bringen!

WEICHSEL

Der mit 1045 km längste polnische Fluss ist in Krakau noch ziemlich jung, denn seine Quelle liegt nur 100 km südlich in Wisła. In zwei weiten Bögen durchfließt die Weichsel das ganze Land, quert Warschau und mündet schließlich nicht weit von Gdańsk (Danzig) in die Ostsee. Für die Gründung und Entwicklung Krakaus spielte der Fluss eine große Rolle, schließlich war er sowohl strategisch wie auch als Handelsweg für die Stadt wertvoll. Die Weichsel diente in erster Linie als Transportweg, denn nur so konnten Salz, Blei oder Holz an die Ostsee geliefert werden, im Austausch mit kostbaren Stoffen, Bernstein oder Heringen.

Heute ist die Weichsel eine der großen touristischen Attraktionen Krakaus. Es darf zwar nicht im Fluss gebadet werden, aber Wassersport ist ebenso beliebt wie Ausfahrten auf Flussschiffen, etwa in die Benediktinerabtei nach Tyniec. Und im Sommer wird die Weichsel zur Partymeile: Auf fest vertäuten Schiffen genießen die Krakauer die Nähe zum Fluss, essen trinken und tanzen, wer möchte, kann sogar auf einem der schwimmenden Hotels übernachten. Die meisten Anlegestellen sind am Fuß des Wawel-Hügels und in Kazimierz am Bulwar Czerwiński. Am anderen Ufer, dem Bulwar Wołyński, finden Sie einen Sandstrand, eine auf der Weichsel schwimmende Badeanstalt und den *Hiflyer (9–22 Uhr | Ticket 36 Pln | Tel 511 80 22 02 | www.hiflyer.pl)*, einen fes ertäuten Ballon, von dessen Aussichtsplattform man die Stadt aus 200 m Höhe bewundern kann. An der Weichsel finden außerdem die meisten Festivals statt, sie ist beliebt als Ort für Familienpicknicks. Zum Spazierengehen und Joggen ist der Abschnitt zwischen dem Wawelhügel und der Brücke in Podgórze (Most Piłsudskiego) am schönsten. Eine neue, in der Nacht beleuchtete Fußgängerbrücke (kładka Bernatka) verbindet Kazimierz mit Podgórze.

KAROL WOJTYŁA

Karol Wojtyła, der spätere Papst Johannes Paul II., zog nach seinem Abitur nach Krakau und lebte bis zu seiner Wahl zum Oberhaupt der katholischen Kirche 1978 an der Weichsel. Wojtyła studierte an der Krakauer Uni polnische Philologie und war der Mitbegründer der Theatergruppe Teatr Rapsodyczny, in der er während der Nazi-Okkupation tätig war. Der Papst schrieb Poesie und Stücke, die bis heute in polnischen Theatern gespielt werden. Während des Zweiten Weltkriegs und der deutschen Besatzung studierte er in einem verbotenen „Untergrundseminar" Theologie und musste als Zwangsarbeiter im Chemiewerk und im Steinbruch schuften.

1946 wurde Wojtyła zum Priester geweiht, bis 1951 war er Vikar in der Florianskirche, 1958 wurde er Bischof und 1963 Erzbischof. Er zog in das Palais der Bischöfe in der ul. Franciszkańska; dort erinnert das „päpstliche Fenster" an seine Reden. Stets stellte er sich, zusammen mit der Gewerkschaft Solidarność, gegen die sozialistischen Machthaber Polens. Kein Wunder also, dass das „päpstliche Fenster" immer mit weiß-gelben Blumen geschmückt ist und Kerzen in Erinnerung an diesen Papst brennen – der sogar einen eigenen Kuchen hat: Die „päpstliche Schnitte" *(kremówka papieska)* stammt zwar aus Wadowice, wird aber auch in Krakau gegessen.

Erinnerung an einen streitbaren Krakauer Helden: Büste von Papst Johannes Paul II.

DER PERFEKTE TAG
Krakau in 24 Stunden

08:00 DER TAG ERWACHT IM HERZEN DER STADT

Ein Frühstück im *Kawiarnia Noworolski* → S. 54 gibt Kraft für den Tag und weckt Erinnerungen an das Krakau der k.u.k.-Zeit. Wenn Sie draußen sitzen können, dann genießen Sie einen herrlichen Blick auf das Herz der Stadt – die *Tuchhallen* → S. 34, den *Rynek Główny* → S. 33, die *Marienkirche* → S. 30 – und können dabei beobachten, wie der neue Tag beginnt. Frisch gestärkt bietet es sich an, an den Verkaufsständen der Tuchhallen auf der Jagd nach Souvenirs wie einem der schönen Bernsteinringe zu gehen.

10:00 MIT KOPERNIKUS IN DER UNI

Am *Rathausturm* → S. 35 vorbei gelangen Sie in den Universitätsteil der Stadt. Ein Besuch im Museum des *Collegium Maius* → S. 29 versetzt Sie ins Mittelalter, in die Zeit, als Nikolaus Kopernikus in Krakau studierte. Unter vielen anderen Exponaten sind auch seine astronomischen Instrumente zu bewundern. Ver passen Sie nicht das *Glockenspiel* → S. 30 im Innenhof der Uni. Um Punkt 11 Uhr erklingt die Melodie von „Gaudeamus igitur".

11:15 DER MEISTERALTAR

Kehren Sie jetzt zum Marktplatz zurück. An der Adalbertskirche vorbei gelangen Sie zur Marienkirche, wo um 11.45 Uhr der weltberühmte *Veit-Stoß-Altar* → S. 31 geöffnet wird. Eine große Menschenmenge wartet darauf, das geschnitzte Meisterwerk aus Holz und Blattgold zu sehen – also seien Sie 15 Minuten früher da!

12:00 TROMPETEN & GEMÄLDE

Und schon wartet der nächste Termin, diesmal auf dem Marienplatz: Das *Trompetenspiel* → S. 32 (Foto li. o.) vom Turm der Marienkirche wird über das Radio in ganz Polen übertragen und erinnert an einen Tatarenüberfall im 13. Jh. Zeit für eine Pause? Am besten im *Cafe Szał* → S. 34 in den Tuchhallen mit Superblick auf die Marienkirche. Jetzt stellt sich die Frage: nach oben oder unten? In die *Polnische Gemäldegalerie* → S. 34 im 2. Stock der Tuchhallen oder in die Austellung *Unterirdischer Marktplatz* → S. 34 zur Stadtgeschichte?

13:15 VON PALÄSTEN, SCHLOSS UND DOM

Nun geht es die ul. Grodzka entlang und an der *Franziskanerkirche* → S. 30 und der Peter-und-Paul-Kirche vorbei. So gelangen Sie in die äl-

Die schönsten Facetten von Krakau kennenlernen – mittendrin, ganz entspannt und an einem Tag

teste Straße der Stadt – die *ul. Kanonicza* → S. 38, die von bischöflichen Paläste aller Epochen gesäumt ist. Vor Ihnen liegt nun der Wawel, der ehemalige Sitz der polnischen Könige. Nach dem Besuch in der *Kathedrale* → S. 38 und des *Schlosses* → S. 41 (Foto re.) genießen Sie den Blick auf die Weichsel.

14:30 JÜDISCHE GESCHICHTE(N)

Weiter spazieren Sie in Richtung Kazimierz, wo die *Synagoga Stara* → S. 45 und der *Alte jüdische Friedhof* → S. 44 (Foto li. u.) die jüdische Geschichte der Stadt erzählen. In einem der vielen Restaurants wie etwa dem *Klezmer Hois* → S. 59 können Sie jüdische Spezialitäten probieren.

15:45 ZEITREISE INS KRAKAUER GETTO

In Podgórze, am anderen Ufer der Weichsel, erfahren Sie im Museum der *Apotheke zum Adler* → S. 49 mehr über die tragische Geschichte des jüdischen Gettos und des Arbeitslagers in Płaszów. Ein Besuch in der *Schindler-Fabrik* → S. 46 bietet Ihnen die Chance, Krakaus Geschichte unter deutscher Besatzung kennenzulernen. Neben Fotos und Dokumenten stehen Ihnen eine Reihe von Multimedia-Stationen zur Verfügung (auch auf deutsch). Im Museumscafé sind viele Fotos aus Steven Spielbergs Film „Schindlers Liste" zu sehen.

18:30 SPEISEN, FEIERN, KLASSIK HÖREN

Zurück in der Altstadt können Sie sich am Abend bei einem der Konzerte in der Adalberts- oder der *Peter-und-Paul-Kirche* → S. 37 entspannen. Falls Sie nicht in Kazimierz zum Essen eingekehrt sind, würde sich nun eine eine kulinarische Auszeit im *Wesele* → S. 58 anbieten. Noch Lust zum Feiern? Dann auf zum *Plac Nowy* → S. 43 in die Kultkneipe *Alchemia* → S. 72 mit dem Krokodil über der Bar, ohne Strom und mit einem Fußboden aus einer alten Kirche. Jazzliebhaber werden in *Harris Piano Jazz Bar* → S. 70 oder in der Nähe des Marktplatzes glücklich.

Altstadt, Kazimierz und Podgórze lassen sich gut zu Fuß erkunden. Für Busse und Straßenbahnen lösen Sie am besten eines der Stundentickets oder die Wochenkarte.

SEHENSWERTES

CITY **WOHIN ZUERST?**

Der beste, weil zentralste Ausgangspunkt, um Krakau kennenzulernen, ist der **Rynek Główny (110 B–C3)** *(🗺 D 4–5)***:** Hier befinden sich die meisten Sehenswürdigkeiten und die schönsten Cafés und Restaurants. Der Platz selbst ist fast reine Fußgängerzone. Das Auto parken Sie deshalb entweder an der Straße *(Parkzonentickets am Automaten: 3,10 Pln/Std, nur Bargeld),* auf dem Parkplatz an der Franziskanerkirche *(pl. Wszystkich Świętych 5)* oder auf dem Parkplatz an der Westerplatte 18. Alle Straßenbahnlinien führen zum Zentrum.

Krakau, die alte Hauptstadt der Monarchie, lockt mit mittelalterlicher Architektur, mit unzähligen Kirchen und Museen. Das Zentrum ist nicht groß und sehr gut zu Fuß zu erkunden. Überragt wird die Altstadt, in der sich auch die meisten Sehenswürdigkeiten etwa entlang des Königswegs befinden, vom Wawel und dem darauf thronenden Königsschloss und der prächtigen Kathedrale. Einen grünen Ring um das Zentrum bilden die Planty, ein Gürtel aus Parks und Alleen, der dort angelegt wurde, wo früher die mittelalterlichen Stadtmauern standen. Um diese wunderschöne Parkanlage gruppieren sich die einzelnen Stadtbezirke Krakaus wie Kazimierz, Zwierzyniec oder Kleparz. Auch sie sind von der Altstadt aus meist gut zu Fuß zu erkunden.

Bild: Kuppel des Teatr Słowackiego

Die Stadt der Kirchen, in der das Herz der polnischen Geschichte schlägt: Facettenreich pflegt Krakau jahrhundertealte Traditionen

Straßenbahnen und Busse müssen Sie also nur nutzen, wenn Sie weiter in die Außenbezirke wollen wie etwa in die Arbeitervorstadt Nowa Huta, ehemals geplant als sozialistische Modellstadt. Wenn Sie es romantisch mögen, dann wäre eine Fahrt in einer Pferdekutsche empfehlenswert, die Sie auf ihre Weise in die Zeit der österreichischen Monarchie versetzt. Oder besichtigen Sie die Stadt vom Wasser aus, mit dem Passagierschiff oder einem Paddelboot auf der Weichsel. Entspannung vom Großstadt-gewimmel bieten Ausflüge ins Grüne, etwa ins Villenviertel Wola Justowska oder in den Las Wolski (Wolski-Wald).

NÖRDLICHE ALTSTADT

Die heutige Innenstadt umfasst das gotische Krakau der Gründungszeit.
Volle Stadtrechte bekam die Siedlung an der Weichsel im Jahr 1257, bis Ende des

Die Karte zeigt die Einteilung der interessantesten Stadtviertel. Bei jedem Viertel finden Sie eine Detailkarte, in der alle beschriebenen Sehenswürdigkeiten mit einer Nummer verzeichnet sind

16. Jhs. war sie die Hauptstadt der polnischen Monarchie. Erst danach übernahm Warschau diese Rolle. Vom 13. bis zum 15. Jh. dauerte für die damals größte Stadt des Landes das goldene Zeitalter. Es entstanden die schönsten Kirchen, Paläste und Wohnhäuser, die – von Kriegen unbeschädigt – Krakaus Geschichte erzählen. Durch den nördlichen Teil der Stadt verläuft der Anfang des Königswegs, an dem die bedeutendsten und interessantesten Gebäude liegen. Der Name erinnert an den alten Brauch, nach dem alle Könige und wichtigen Gäste, die offiziell die Stadt besuchten, diesen festgelegten Weg zum Wawel-Schloss zurücklegen mussten. Er beginnt am Florianstor, verläuft die ul. Floriańska entlang bis ins Zentrum, über den Rynek Główny und dann weiter bis zum Wawel, jenem Hügel mit Schloss und Kathedrale. In diesem Teil Krakaus ist immer sehr viel los, hier wird flaniert, hier liegen die Luxusrestaurants und die teuersten Läden und Boutiquen der Stadt.

1 BEFESTIGUNGSANLAGEN ☼

(110 C1–2) (ŁŁ E3–4)

Krakau war im Mittelalter mit doppelten bis zu 3 m breiten Mauern und 47 Wehrtürmen befestigt. Um diese Bastei kümmerten sich die jeweiligen Zünfte und lagerten dort auch teilweise ihre Waffen. Rund um die Mauern war ein tiefer Wassergraben angelegt, im 15. Jh kam die *Barbakane* hinzu, eine runde

Befestigungsanlage mit Planken und sieben schlanken Türmchen.

Im 19. Jh., als in den meisten großen europäischen Städten die mittelalterlichen Wehranlagen abgerissen wurden, sollten auch in Krakau die Befestigungen abgetragen werden. Heute ist deshalb nur ein kleiner Teil der inneren Mauern mit zwei Basteien und dem Arsenal, der Barbakane und dem Haupteingangstor erhalten. Die Wehranlagen sind nur von außen zu besichtigen, aber Sie können die Barbakane und die Mauern besteigen: Die ☀ höheren Etagen bieten eine interessante Aussicht. In einer Ausstellung wird die Entstehung und Geschichte der Anlage dargestellt, zwei bis drei Mal im Jahr ergänzt durch temporäre Schauen. Innerhalb der Mauern bieten Künstler im Sommer unter freiem Himmel ihre Bilder zum Verkauf an, außerdem werden hier INSIDER TIPP regelmäßig Konzerte und Ritterspiele veranstaltet.

Verlassen Sie die Befestigungsanlage durch das Haupttor *Porta Gloriae,* um in die Stadt zu kommen, denn hier beginnt der Königsweg und es öffnet sich Ihnen ein wunderschöner Blick auf die ul. Floriańska mit der Marienkirche und dem Rynek Główny. *Mai–Okt. tgl. 10.30–17.30 Uhr | Eintritt 6 Pln (Barbakane und Mauern) | Zugang zu den Mauern von der ul. Pijarska aus*

2 COLLEGIUM MAIUS ★ ●
(110 A3) (*C5*)

Die Jagiellonen-Universität ist die älteste polnische Hochschule und eine der ältesten der Welt, gegründet wurde sie 1364 von König Kasimir dem Großen. Aus

MARCO POLO HIGHLIGHTS

dieser Zeit stammt auch das Collegium Maius, das älteste Universitätsgebäude der Stadt mit seinem gotischen Innenhof. Besonders sehenswert ist das sogenannte Kristallgewölbe in den Arkaden des Innenhofs, das eher an ein Kloster als an ein Universitätsgebäude erinnert. Wenn Sie nicht gerade zur Zeit des Glocken-

Gotische Pracht in der Marienkirche

spiels hier sind, das alle zwei Stunden besonders viele Besucher anlockt und mit dem „Gaudeamus Igitur" endet, können Sie sich im Café im original gotischen Keller ins 15. Jh. zurückversetzen lassen als Nikolaus Kopernikus hier studierte. Sein Denkmal schmückte bis in die 1960er-Jahre den Innenhof, neben Papst Johannes Paul II. ist er der bekannteste Student der Universität.

Nicht verpassen sollten Sie das Universitätsmuseum: Im Rahmen einer ca. 40-minütigen Führung geht es in die prachtvollen gotischen Räume der Bibliothek, des Speiseraums der Professoren und der großen Aula. *Mo–Fr 10–14.20, Sa 10–13.20, April–Okt. Di/Do bis 18 Uhr, Glockenspiel 9, 11, 13, 15, 17 Uhr (freier Eintritt) | Eintritt 12 Pln | ul. Jagiellońska 15*

3 KOŚCIÓŁ FRANCISZKANÓW (FRANZISKANERKIRCHE) ★
(110 B4) (*D5–6*)

Die Franziskanerkirche ist das einzige sakrale Gebäude aus der Jugendstilzeit in Krakau. Von außen ist die Kirche neogotisch, innen schmücken sie Werke des Jugendstilkünstlers Stanisław Wyspiański. Er malte die Wände mit Blumen und Sternen aus und gestaltete die Glasfenster sowohl für das Presbyterium wie auch das Fenster mit der „Erschaffung der Welt" über dem Haupteingang. Innen ist die Franziskanerkirche ziemlich dunkel, deshalb sollten Sie INSIDER TIPP einen sonnigen Tag für Ihren Besuch wählen. Die Kirche besitzt auch einen interessanten Kreuzgang mit Porträts der Krakauer Erzbischöfe, darunter auch das von Karol Wojtyła. *Tgl. 6.30–20 Uhr, außer zu Messezeiten | ul. Franciszkańska 2*

4 KOŚCIÓŁ MARIACKI (MARIEN-KIRCHE) ★ (110 C3) (*E5*)

Die prächtigste gotische Basilika Krakaus stammt aus dem 14. Jh., wurde abe-

mehrmals umgebaut. Deswegen finden Sie hier außen und innen eine Mischung aus verschiedenen architektonischen Stilen. Der größte Schatz der Marienkirche ist der *Hauptaltar des Künstlers Veit Stoß*, der aus Nürnberg nach Krakau kam und zwölf Jahre diesem Werk widmete. Ab 1477 arbeitete er an dem 11 x 13 m gro-

ßen Meisterwerk aus Eichen- und Lindenholz, veredelt mit Farben und Blattgold. Der Altar wird montags bis samstags um 11.45 Uhr geöffnet; ein besonderes Erlebnis, das in der Hochsaison von einer riesigen Menschenmenge begleitet wird – also INSIDER TIPP mindestens 15 Minuten früher kommen! Auch die Figur des gekreuzigten Christus im südlichen Seitenschiff stammt von Veit Stoß. Sie wurde aus einem Stück Sandstein gearbeitet und nachträglich in den barocken Altar eingesetzt. Für den schönsten Blick über die Stadt besteigen Sie über mehr als 200 Stufen den 54 m hohen ☀ Turm der Kirche, und zwar am besten zur vollen Stunde. Dann wird nämlich vom höheren der beiden Türme der *hejnał*

besonders reichen Ausstattung und das beste Beispiel für den späten Barock in Krakau. Der Künstler Baltasar Fontana hat sie mit Stuck und illusionistischen Malereien geschmückt, jener Kunstform, die in ihren Bildern Dreidimensionalität und Raumtiefe darzustellen versucht. Die Kirche gilt als eins der schönsten Gebäude aus dem 18. Jh. in ganz Polen. *Nur zu den Messezeiten geöffnet | ul. św. Anny 13*

Herzstück des gleichnamigen Museums: die Sammlung der Fürstenfamilie Czartoryski

gespielt. Die „zweite Nationalhymne Polens" wird live von Feuerwehrleuten intoniert. *Kirche: Mo–Sa 11.30–18, So 14–18 Uhr; Turm: Mai–Sept. Di, Do, Sa 9–11.30 u. 13–17.30 Uhr | Eintritt Kirche 6 Pln, Turm 5 Pln | pl. Mariacki 1*

5 **INSIDER TIPP** **KOŚCIÓŁ ŚW. ANNY (ANNAKIRCHE)** (110 A3) (*∅ C4*)
Die barocke Kirche wurde von Tylman van Gameren Anfang des 18. Jhs. gebaut. Sie ist eine dreischiffige Basilika mit einer

6 **MUZEUM CZARTORYSKICH (CZARTORYSKI-MUSEUM)** ★ ● (110 C2) (*∅ E4*)
Das älteste Museum des Landes wird seit Anfang 2010 renoviert, bis Ende 2012 sollen die Arbeiten fertig sein. Eingerichtet wurde es 1801 auf dem Gut der Fürstin Isabela Czartoryska in Puławy, deren Familie außer Reichtum und Luxus die Kunst liebte. Die Sammlung besteht vor allem aus Werken europäischer Künstler vom Mittelalter bis zum 19. Jh., darunter

das Rembrandt-Gemälde „Landschaft mit barmherzigem Samariter". Ihre Perle ist das Bild „Die Dame mit dem Hermelin" von Leonardo da Vinci. Mit Glück – etwa an einem **INSIDER TIPP** ▶ Wochentag vormittags – erleben Sie es ohne Menschenmassen.

Im Museum befindet sich außerdem eine Sammlung von Kunstgewerbe aus allen Epochen und eine zur polnischen Geschichte. Besonders interessant sind erbeutete türkische Gegenstände wie Waffen und Zelte, die der polnische König Jan III. Sobieski nach der gewonnenen Schlacht bei Wien 1583 nach Krakau brachte. *Di–Sa 10–18, So 10–16 Uhr | Eintritt 10 Pln | ul. Św. Jana 10*

7 PLANTY
(110–111 A–D 1–5) (🗺 C–F 3–6)

Die 4 km lange Grünanlage, die die Altstadt umgibt, entstand dort, wo sich früher die alten Mauern und Wassergräben der Befestigung befanden. Bei einem Spaziergang entlang der Planty mit ihren Alleen, den Teichen, Blumenbeeten und unzähligen Wegen werden Sie die Stadt aus einer anderen Perspektive erleben - nämlich von außen. Ganz nebenbei können Sie die ● größte Sammlung an Denkmälern unter freiem Himmel bewundern, die im 19. und 20. Jh. entstanden ist. Die Skulpturen stellen große polnische Künstler wie etwa den Bildhauer Wacław Szymanowski dar, aber auch fiktive Figuren aus der polnischen Literatur. **INSIDER TIPP** ▶ Für Radfahrer und Jogger ist die 20 ha große Grünfläche im Zentrum der Stadt perfektes Trainingsgebiet.

8 RYNEK GŁÓWNY (MARKTPLATZ)
⭐ ● (110 B–C3) (🗺 D4–5)

Der Krakauer Marktplatz war immer und ist bis heute das Zentrum nicht nur des kulturellen Lebens der Stadt. Es ist der größte mittelalterliche Platz Europas (200 x 200 m), umgeben von den Häusern der reichsten Bürger und den Palästen der Aristokratie. Die Sukiennice (Tuchhallen) und die Marienkirche zählen zu den Höhepunkten des „Großen Markts". Bis zum 19. Jh. war der Platz dicht bebaut mit Krämerläden, den Gebäuden der Großen und Kleinen Waage und dem Rathaus, die alle nach 1820 abgerissen wurden. An einem Sommertag fühlen Sie sich hier wie in Italien, nicht nur wegen der vielen Tauben, sondern auch wegen der Renaissancearchitektur der Tuchhallen und der Wohnhäuser.

Die Bürgerhäuser am Marktplatz zeigen alle möglichen architektonischen Stile – von der Gotik bis hin zu Gebäuden, die im 20. Jh. entstanden sind. Viele Fassaden sind sehr schmal, manche haben nur zwei Fenster. Der Grund: Die Zahl der auf den Platz hinausgehenden Fenster bestimmte die Höhe der Steuer, die der Hausbesitzer zahlen musste. Auf dem Marktplatz finden das ganze Jahr Festivals, Konzerte und Ausstellungen statt. Zweimal im Jahr – zu Weihnachten und zu Ostern – werden Märkte abgehalten.

9 SUKIENNICE (TUCHHALLEN UND GEMÄLDEGALERIE) ★
(110 B3) (*ω D5*)

Die Tuchhallen in der Mitte des Marktplatzes sind eines der Wahrzeichen der Stadt. Hier wurde mit dem begehrtesten Artikel der Zeit – Tuchen und Stoffen – ebenso gehandelt wie mit Salz: Krakau lag an der Salzstraße und besaß Privilegien, die es zur reichsten Stadt der polnischen Monarchie machten.

Das Gebäude selbst entstand im 14. Jh. und wurde im 16. und 19. Jh. umgebaut. Die lange Halle mit den Arkaden an der Längsseite wird von einer originalen Renaissanceattika geschmückt, die von interessanten Skulpturen in Form von Fratzen gekrönt wird. Bis heute dienen die Tuchhallen dem Handel: Im Erdgeschoss finden Sie Läden mit Bernsteinschmuck, Lederwaren, Holzerzeugnissen und anderen Kunsthandwerksouvenirs.

Im ersten Stock befindet sich die *Galeria Sztuki Polskiej XIX wieku (Galerie der polnischen Malerei und Bildhauerkunst des 19. Jhs.: Di–Sa 10–20, So 10–18 Uhr | Eintritt 12 Pln, Audioguide 5 Pln | Rynek Główny 1–3)*, eine Sammlung gigantischer Historienbilder und polnischer Porträt- und Landschaftsmalerei. Ein Genuss für die Sinne ist das ☀ **INSIDER TIPP** ▸ *Café Szał (tgl. 10–23 Uhr)*, das Museumscafé mit Blick auf die Marienkirche.

Im Museum ● *Rynek Podziemny (Unterirdischer Marktplatz: April–Okt. Mo 10–20 Di 10–16, Mi–So 10–22, Nov.–März Mo Mi–So 10–20, Di 10–16 Uhr | Eintritt 17 Pln Di Eintritt frei | Rynek Główny 1 | www.podziemiarynku.com)* spazieren Sie unter dem Marktplatz durch das mittelalterliche Krakau. Besonders interessant sind der Friedhof und die Krämerläden, die früher auf dem Marktplatz ihren Platz hatten und hier im Kleinformat rekonstruiert wurden. Ebenso finden sich Gegenstände die während der archäologischen Arbeiten unter dem Platz gefunden wurden Auf Bildschirmen werden die wichtigsten

Stilvoller Handelsplatz mit langer Geschichte: die Tuchhallen am Marktplatz

Fast wünscht man sich, der Vorhang würde sich niemals heben: das prächtige Słowacki-Theater

Aspekte der Stadtgeschichte dargestellt (auch auf deutsch).

10 TEATR SŁOWACKIEGO (SŁOWACKI-THEATER) (110 D2) (*m* E4)

Das schönste Theater der Stadt entstand im Jahr 1893, ein eklektisches Gebäude mit überwiegenden Motiven der neobarocken Architektur, die in der Habsburger-Monarchie für Theatergebäude so beliebt war. Nicht nur Wien war hier die Vorlage, sondern vor allem auch die Pariser Oper. Das mit verschwenderischer Pracht ausgestattete Innere lohnt den Theaterbesuch, auch wenn nur auf Polnisch gespielt wird. Besonders schönes Detail ist der **INSIDER TIPP** original erhaltene große Vorhang, der nicht zusammengerollt, sondern hochgehoben wird. Geschmückt wird er von einer allegorischen Szene mit der Personifizierung der künstlerischen Inspiration, der Komödie und des Dramas. Das Theater kann nur im Rahmen einer individuell zu arrangierenden Führung besichtigt werden (nur auf Polnisch | Tel. 01 24 24 45 25). pl. Świętego Ducha 1 | www.slowacki.krakow.pl

11 WIEŻA RATUSZOWA (RATHAUSTURM) ● ☼ (110 B2) (*m* D5)

Der Rathausturm aus dem 14. Jh. ist 70 m hoch und steht heute alleine im westlichen Teil des Marktplatzes. Früher ein Teil des Rathauses, das 1820 abgerissen wurde, befindet sich heute im Turm eine Abteilung des historischen Museums der Stadt. Im Erdgeschoss können Sie eine Stube aus dem 14. Jh. besichtigen, die im Mittelalter als Schatzkammer diente. Im ersten Stock befindet sich ein großer Raum, in dem früher die Sitzungen der Ratsherren stattfanden. Im obersten Stockwerk **INSIDER TIPP** genießen Sie einen tollen Blick über die Stadt. Im Keller des Rathauses, wo früher das Gefängnis und die Folterkammer lagen, befinden sich heute ein Café und eine kleine Theaterbühne. Mai–Okt. tgl. 10.30–18 Uhr | Eintritt 6 Pln | Rynek Główny 1

SÜDLICHE ALTSTADT

Dieser Teil der Stadt wird von der Silhouette des Wawel-Schlosses und der bischöflichen Kathedrale dominiert.

Der Dom und die königliche Residenz machten den Wawel-Hügel zur Zeit der polnischen Monarchie zum wichtigsten Teil der Stadt. Bevor Sie den Hügel besteigen, um einmal mehr tief in die polnische Geschichte einzutauchen, sollten Sie die bischöflichen Paläste in der ul. Kanonicza bewundern. Machen Sie Halt in einem der vielen Cafés, trinken Sie einen Espresso und bewundern Sie danach noch die Kunstschätze im Muzeum Erazma Ciołka.

Natürlich spazieren Sie in ganz Krakau auf den Spuren des ehemaligen Papstes Johannes Paul II., aber in diesem Teil der Stadt ist das besonders zu spüren.

Als Bischof und Erzbischof wohnte Karol Wojtyła in der ul. Kanonicza und wirkte im Dom auf dem Wawel-Hügel, immerhin die bischöfliche Krönungskirche.

◼ 1 KOŚCIÓŁ ŚW. ANDRZEJA (ST.-ANDREAS-KIRCHE)

(110 B–C5) (𝄢 D–E6)

Die Kirche mit den zwei charakteristischen Türmen ist eine der ältesten der Stadt und hat ihr romanisches Aussehen bis heute bewahrt. Im 11. Jh. gebaut, im 13. und 14. Jh. umgebaut, war sie laut Überlieferung das einzige Gotteshaus Krakaus, das den großen Tatarenüberfall 1241 unbeschadet überstand und den Bürgern Schutz bot. Das Innere der dreischiffigen, kleinen Kirche mit ihrem Altar aus schwarzem Marmor und der Kanzel in Form eines Schiffs wurde im 17. Jh. von Baltasar Fontana barockisiert. Sie gehört zum benachbarten Kloster der Klarissen, einem sehr strengen Klausurorden. *Tgl. 7–18 Uhr | ul. Grodzka 16*

RICHTIG FIT

So richtig austoben können Sie sich im Fitnesscenter *Pure Platinium (Mo-Fr 6-22 Uhr, So 8-22 Uhr | ul. Podgórska 34, im EG | Tel. 01244 4111 | www. pure poland.com)* **(115 E2)** (𝄢 *H7)* in der Galeria Kazimierz. Neben Fitnessgeräten, Kursen und Spinningraum warten auch Schwimmbad, Sauna, Dampfbäder und Solarium. Und nach dem (Individual-) Training werden in der Bar kalte Getränke und Kaffee gratis serviert. Die schönsten Tennisplätze der Stadt befinden sich im Grünen am Rand des Wolski-Walds im *Wola Sport Paradise (ul. Koło Strzelnicy 5 | Tel. 01242539 00 | www.wolasportparadise.pl)*

(117 D4) (𝄢 *O)*. Die Tennishallen sind 24 Stunden geöffnet, die Outdoorplätze von 6 bis 22 Uhr, außerdem Verleih von Tennisschlägern. Der schönste Platz für eine Joggingstrecke ist die Umgebung von *Błonia* **(108 A6)** (𝄢 *A5)*. Rund um die Wiese führt ein gepflasterter Weg zum Teil am Fluss Rudawa entlang, der sich auch für Radfahrer eignet. Wohl die schönste Radtour *(Fahrradverleih: s. Praktische Hinweise)* führt an der Weichsel entlang von Krakau zur Benediktinerabtei in Tyniec. Falls Sie nicht zurückradeln wollen, können Sie den Rückweg auf einem der Schiffe zurücklegen, die in Krakau am Wawel anlegen.

Vor der Peter-und-Paul-Kirche werden die Gläubigen von den zwölf Aposteln empfangen

2 KOŚCIÓŁ ŚW. PIOTRA I PAWŁA (ST.-PETER-UND-PAUL-KIRCHE)

(110 B–C5) (🗺 D6)

Die einschiffige Kirche aus rotem Backstein und hellem Granit mit einzelnen Kapellen und einer von außen fast unsichtbaren Kuppel ist die erste barocke Kirche, die in Polen gebaut wurde. Begonnen wurde ihr Bau 1597, er dauerte bis 1619, weil es statische Probleme mit der Kuppel gab. Das Gotteshaus steht für schlichten, frühen römischen Barock und ist eine exakte Kopie der römischen Jesuitenkirche Il Gesù – manche behaupten, dass bei der Krakauer Version die Proportionen noch besser passen als bei der in Rom. Das Innere ist geschmückt mit Stuckarbeiten des Italieners Giovanni Battista Falconi, in der Kuppel befindet sich ein Foucaultsches Pendel, mit dessen Hilfe die Erdrotation nachgewiesen werden kann. In der Kirche werden im Sommer sehr oft Konzerte gegeben, die auf Plakaten am Eingang angekündigt werden. Da es innen auch im Sommer sehr kalt ist, sollten Sie beim Besuch eines solchen Konzerts immer einen Pullover mitnehmen. *Tgl. 6.30–19 Uhr, außer zur Messezeit | ul. Grodzka 54*

3 MUZEUM ERAZMA CIOŁKA (ERAZM-CIOŁEK-MUSEUM)

(110 B5) (🗺 D6)

Das Museum befindet sich in dem gotischen Palast des Bischofs Erazm Ciołek aus dem 16. Jh., der von 1999 bis 2006 total renoviert wurde und heute als Sitz einer der Abteilungen des Nationalmuseums dient. Die Ausstellung ist in zwei thematische Teile unterteilt: Die wertvollsten Exponate in der Sammlung „Kunst des alten Polens" sind Gemälde und Skulpturen aus dem 14. bis 16. Jh., darunter eine große Sammlung von gotischen Altaraufsätzen. Einen besonders intensiven Eindruck hinterlässt **INSIDER TIPP** der Saal, der barocken polnischen Begräbnisbräuchen gewidmet ist: Vor dem Hintergrund sakraler Musik sind Särge und Sargbildnisse ausgestellt, die in dieser Form nur in der polnischen Kunst zu sehen sind.

Die „Orthodoxe Kunst der alten Republik" besteht aus Ikonen – eine der ältesten und wertvollsten Sammlungen orthodoxer Malerei in Mitteleuropa – und Gegenständen der östlichen Liturgie. *Di–Sa 10–18, So 10– 16 Uhr | Eintritt 12 Pln pro Ausstellung, So frei | ul. Kanonicza 17 | www.muzeum.krakow.pl*

4 ULICA KANONICZA (KANONICZA-STRASSE) ★ (110 B5) (*D6*)

In der besonders schönen, schmalen Gasse ist jedes Haus einen Blick wert. Am Tag ist die Straße stark bevölkert, denn hier verläuft der letzte Teil des Königswegs, der zum Schloss führt. Deshalb lohnt **INSIDER TIPP** ein Spaziergang an einem warmen Abend entlang der angestrahlten Gebäude. Der Name der Straße bezieht sich auf ihre Anwohner: Die Kanoniker des Domkapitels waren die Berater des Bischofs und bauten sich hier am Fuß des Hügels ihre Paläste. Besonders

interessant sind die Fassaden und reich geschmückten Portale der Häuser Nr. 1, 3, 9, 13 und 15. Viele bergen hinter den gotischen Fassaden Renaissancearkaden Innenhöfe, die an das Schloss auf dem Wawel-Hügel erinnern – schließlich wollte jeder Bischof ebenso modern wohnen wie der König.

5 KATEDRA ŚW. STANISŁAWA I WACŁAWA (KATHEDRALE) ● ⛄ (110 B6) (*D7*)

Die Krakauer Kathedrale, in der Nachbarschaft des Schlosses auf dem Wawel-Hügel gelegen, ist die wichtigste Kirche im ganzen Land – wegen ihrer Symbolik und ihrer Funktion. Die Krönungskirche der polnischen Monarchen ist das dritte Gotteshaus an dieser Stelle, sie stammt aus dem 14. Jh., wurde aber über die Jahrhunderte unzählige Male umgebaut und vereint alle möglichen Architekturstile vom Mittelalter bis zur Moderne. Sie ist der Beisetzungsort der polnischen Regenten, weswegen im Dom eine gan

Diese Straße führt direkt ins Mittelalter: die ulica Kanonicza

e Reihe königlicher Särge steht. In der Krypta fanden auch der im April 2010 bei einem Flugzeugunglück ums Leben gekommene Präsident Lech Kaczyński und seine Frau ihre letzte Ruhestätte.

Die dreischiffige Basilika wird flankiert von zwei gotischen Kapellen, von denen vom Eingang aus die rechte – die *Heiligkreuzkapelle* – besonders sehenswert ist. Sie wurde im 15. Jh. mit russisch-byzantinischen Fresken geschmückt. In dieser Kapelle befindet sich das Marmorgrab des polnischen Königs Kazimierz Jagiellończyk, geschaffen von Veit Stoß.

Den zentralen Platz im Dom nimmt ein silberner barocker Sarg ein, der die Reliquien des hl. Stanisław birgt.

Die Kathedrale ist für eine Königs- und Bischofskirche relativ klein, daher die große Zahl der bereits erwähnten Kapellen, die sie von allen Seiten umgeben. Zwei sind von besonderem Wert: die *Kaplica Zygmuntowska (Sigismund-Kapelle)* und die *Kaplica Wazów (Waza-Kapelle)*. Erstere wurde als „Perle der Renaissance nördlich der Alpen" bezeichnet: Ihre Stileinheit und perfekte Harmonie macht sie bis heute nicht nur für Kunstkenner zu etwas ganz Besonderem. Sie stammt aus dem 16. Jh. und ist das Werk des Italieners Bartolome Berecci, der sie aus rotem ungarischem Marmor, kombiniert mit weißem Stein, schuf. Die Waza-Kapelle ist der Inbegriff barocker Kunst und

6 SMOCZA JAMA (DRACHENHÖHLE)
(110 A6) (*C7*)

Laut Legende wohnte in dieser Höhle der Drache, der die Jungfrauen der Stadt fraß und erst durch eine List besiegt wurde. Die uralte Geschichte hat vermutlich

Wo Polens Könige gekrönt und begraben wurden: in der Kathedrale auf dem Wawel

barocken Denkens, ganz mit schwarzem Marmor ausgeschmückt. Die Skelette am Türgitter sollen an die Vergänglichkeit des Lebens erinnern.

Statten Sie auf jeden Fall dem *Wieża Zygmuntowska (Sigismundturm)* mit seiner tollen Aussicht und der gleichnamigen Glocke einen Besuch ab. Das Berühren dieser Glocke, so will es die Legende, garantiert ewige Liebe und Glück im Leben. Im Dommuseum sind Stücke aus der Schatzkammer ausgestellt: Kelche, Monstranzen, liturgische Gewänder und Gegenstände, die an Papst Johannes Paul II. erinnern. *April–Sept. Mo–Sa 9–17, So 12.30– 17, Okt.–März Mo–Sa 9–16, So 12.30–16 Uhr | Eintritt Dom frei, königliche Gräber, Sigismundturm und Museum 13 Pln | Audioguide 7 Pln | Wawel 1 | www.katedra-wawelska.pl/english*

einen wahren Kern: Archäologen fanden in der Höhle Knochen prähistorischer Tiere. Die Besichtigung der illuminierten Drachenhöhle beginnt oben am Wawel-Hügel und endet an der Weichsel. Am Ausgang steht eine monumentale Metallfigur des Drachens, die alle paar Minuten Feuer spuckt. *April–Juni und Sept.–Okt. tgl. 10–17, Juli/Aug. 10–18 Uhr | Eintritt 3 Pln | Wawel 5*

7 WZGÓRZE WAWELSKIE (WAWEL-HÜGEL) (110 A–B 5–6) (*D7*)

Der Wawel-Hügel war schon lange vor der Christianisierung der Gebiete um Krakau im 10. Jh. besiedelt: Archäologen haben hier Gegenstände aus der Altsteinzeit gefunden. Dass der Hügel nicht nur über Quellen verfügte, sondern auch von allen Seiten von der Weichsel umgeben war, machte ihn zum strategisch perfekten Platz. Heute ist der alte Lauf der Weichsel, die im 19. Jh. umgeleitet wurde, nicht mehr zu erkennen. Wenn Sie aber dem Königsweg zum Wawel folgen, passieren Sie am Ende der ul. Kanonicza das alte Flussbett. Der Hügel ist einer der besten Aussichtspunkte der Stadt.

■ 8 WAWEL ZAGINIONY (VERSCHOLLENER WAWEL)
(110 B6) (*ﾉﾉ D7*)

In diesem archäologisch-architektonischen Museum finden sich Rekonstruktionen romanischer Gebäude, die bei Grabungen auf dem königlichen Hügel gefunden wurden. Anhand von Modellen und Filmen entsteht ein Bild des Wawel vom 10. bis 14. Jh. Die Sammlung besteht aus Steinrelikten, Gefäßen, Schmuckstücken und anderen Gegenständen aus Knochen und Holz, die während der Ausgrabungen gefunden wurden. Am interessantesten ist die INSIDER TIPP fast komplett erhaltene frühromanische Rotunde aus dem 10./11. Jh., die der Jungfrau Maria geweiht ist. April–Okt. Mo 9.30–13, Di–Fr 9.30–17, Sa/So 11–18, Nov.–März Di–Sa 9.30–16, So 10–16 Uhr | Eintritt 8 Pln, April–Okt. Mo, Nov.–März So Eintritt frei | Wawel 5

■ 9 ZAMEK KRÓLEWSKI (KÖNIGLICHES SCHLOSS) ★ (110 B6) (*ﾉﾉ D7*)

Das Schloss ist die erste Residenz im Land im Renaissancestil (1504–1536). König Zygmunt Stary beauftragte italienische Künstler aus Florenz, die das monumentale dreistöckige Gebäude mit seinem Arkadeninnenhof schufen. Bis Ende des 16. Jhs. diente das Schloss den polnischen Monarchen als offizielle Residenz. Als ein Teil des Gebäudes abbrannte, wurde es war im barocken Stil wiederaufgebaut. König Zygmunt III. Waza zog aber mit dem Hof nach Warschau.

Im Schloss befindet sich heute ein Museum, alle Räume – sowohl der repräsentative als auch der private Teil – sind zugänglich. Der wahre Schatz ist die ● Sammlung von Wandteppichen aus dem 16. Jh., die auf Bestellung von König Zygmunt August aus Seide in Brüssel gewebt wurden. Sie wurden nach Maß für die Räume gefertigt, schmückten ursprünglich fast alle Wände und erzählen drei große biblische Geschichten: die von Adam und Eva, vom Turmbau zu Babel und von der Arche Noah. *Reprezentacyjne komnaty królewskie (repräsentative königliche Gemächer): April–Okt. Di–Fr 9.30– 17, Sa/So 11–18 Uhr, Nov.–März Di–Fr 9.30–16, Sa/So 10–16 Uhr | Eintritt April–Okt. 17 Pln, sonst 14 Pln, So Eintritt frei; Prywatne komnaty królewskie (private königliche Gemächer): wie oben, So geschl. | Eintritt 24 Pln, nur mit Führung auf Polnisch oder Englisch | Wawel 5*

Der Kronschatz befindet sich im Erdgeschoss des ältesten Teils des Schlosses, hier sehen Sie die gotischen Reste der früheren Burg. Unter den Exponaten sind Silberteller und -krüge und besonders reich geschmückte Pferdegeschirre. Einen besonderen Platz nimmt das *Szczerbiec* ein, das Krönungsschwert der polnischen Könige. In der benachbarten Rüstkammer werden Waffen vom 15. bis 19. Jh. ebenso gezeigt wie mittelalterliche Rüstungen. *Skarbiec Koronny i Zbrojownia (Kronschatz und Rüstkammer): April–Okt. Mo 9.30–13, Di–Fr 9.30–17, Sa/So 11–18, Nov.–März Di–Sa 9.30–16 Uhr | Eintritt April–Okt. 18 Pln, Nov.–März 16 Pln | Wawel 5*

Die Eintrittskarten für die Ausstellungen im Schloss kaufen Sie entweder direkt hinter dem Eingangstor *(Brama Herbowa | nur Fr–So)* oder im neuen *Informationszentrum (Centrum Promocji i Informacji)*. Hier finden sich nicht nur die Kassen, sondern auch Toiletten,

Souvenirgeschäfte, eine Poststelle, Restaurants und Cafés. Im Sommer haben Sie einen tollen Blick von der Terasse des ☼ **INSIDER TIPP** ▶ *Cafés Słodki Wawel. April–Juni Mo–Fr 9–16.45, Sa/So 10–16.45, Juli/Aug. Mo–Fr 9–17.45 Sa/So 9.45–17.45,*

Die jüdische Welt mit ihren sieben Synagogen, den Friedhöfen, Handelsplätzen und Schulen funktionierte unverändert bis zum 19. Jh., als die Stadtverwaltung über den Abriss der Mauern entschied und den Juden das Recht zurückgab, sich

Sommernächte mit besonderem Flair: im angesagten Ausgehviertel Kazimierz

Sept./Okt. Mo–Fr 9–16.45, Sa, So 9.30–16.45, Nov.–März Di–Sa 9.15– 14.45, So 9.30–14.45 Uhr | Wawel 9 | www.wawel. krakow.pl, www.zamek-krolewski.pl

KAZIMIERZ

Kazimierz war bis zum 19. Jh. eine selbstständige Stadt. Der Name erinnert an König Kazimierz Wielki, der den Ort 1335 gründete.

Mit der Zeit entwickelte sich Kazimierz zu einer großen Stadt mit Marktplatz, Rathaus und einer Reihe von prächtigen Klöstern. Die im 15. Jh. aus Krakau umgesiedelten Juden wurden in einem umfriedeten Bezirk um die ul. Szeroka ansässig.

da niederzulassen, wo sie wollten. Das friedliche Leben endete 1941: Die nationalsozialistischen Besatzer deportierten die jüdische Bevölkerung ins Getto im Krakauer Stadtteil Podgórze.

Das jüdische Erbe in Kazimierz macht aber nur einen – wenn auch großen – Teil der Geschichte aus: Mit der gotischen Kościół Bożego Ciała (Fronleichnamskirche) und der Kościół Pauliów na Skałce (Paulinerkirche „Auf dem Felsen") an der Weichsel finden sich auch Sehenswürdigkeiten mit christlichem Hintergrund. Genießen Sie die Atmosphäre von Kazimierz, vor allem auch am Abend, vielleicht in einem der vielen jüdischen Restaurants in der ul. Szeroka oder bei einem Klezmerkonzert. Der Bezirk ist der angesag teste der Stadt: Hier treffen sich Party-gänger, Nachtschwärmer und Künstler. Besonders im Sommer geht es hoch her, dann sind die Cafés, Kneipen und Clubs am Plac Nowy bis frühmorgens geöffnet. *Kazimierz erreichen Sie entweder zu Fuß (15 Min. vom Wawel-Hügel über die ul. Stradom und Krakowska, von Poczta Główna über die ul. Starowiślna) oder mit den Straßenbahnlinien 3, 6, 8 (Wawel bis Plac Wolnica) und 13 (Poczta Główna bis Miodowa).*

1 KOŚCIÓŁ BOŻEGO CIAŁA (FRONLEICHNAMSKIRCHE) ★
(114 B4) (ℳ F8)

Die Pfarrkirche von Kazimierz am ehemaligen Marktplatz ist eine der schönsten gotischen Kirchen der Stadt. Eine Legende erzählt, dass über dem Bauplatz, einem früheren Sumpf, wochenlang ein merkwürdiges Licht zu sehen war. Als Arbeiter dort zu graben begannen, fanden sie eine Monstranz, die aus einer Krakauer Kirche verschwunden war. Die monumentale mittelalterliche Kirche von 1340 wurde im 18. Jh. barockisiert. Besonders sehenswert sind der Hauptaltar und die Kanzel in Form eines Boots. *Tgl. 6–20 Uhr, außer zu Messezeiten | ul. Bożego Ciała 26*

2 KOŚCIÓŁ PAULIÓW NA SKAŁCE (PAULINERKIRCHE „AUF DEM FELSEN") (113 E5) (ℳ D9)

Die barocke Kirche wurde im 18. Jh. von Anton Müntzer und Antonio Solari an der Stelle einer kleinen gotischen Vorgängerin gebaut. Es entstand eine dreischiffige Basilika mit zwei Türmen, in die ein prunkvolles Portal aus schwarzem Marmor führt. Die Legende verbindet diesen Ort mit dem Tod des hl. Stanisław, dem wichtigsten Schutzheiligen des Landes. Er soll dort, wo die Kirche steht, geköpft und sein Körper in den nahe liegenden Brunnen geworfen worden sein. Da das

Wasser danach heilende Kraft entwickelt haben soll, wurde der Brunnen zum Pilgerziel für Gläubige aus dem ganzen Land. Zu Ehren von Stanisław findet jedes Jahr am Sonntag nach dem 8. Mai eine feierliche Prozession statt, die am Dom — wo sich das Grab des Heiligen befindet — beginnt und an der Paulinerkirche endet. *Tgl. 6–20 Uhr, außer zu Messezeiten | ul. Skałeczna 15*

3 INSIDER TIPP MUZEUM GALICJA (GALIZISCHES MUSEUM)
(114 C3–4) (ℳ G8)

Das private Museum ruft zum Gedenken an die Opfer des Holocaust auf. Dafür werden die Spuren jüdischen Lebens in Galizien dokumentiert, besonders in der Ausstellung „Traces of Memory" des Fotografen Chris Schwarz, dessen Aufnahmen auf eine Reise durch die östlichen Gebiete des heutigen Polens und der Ukraine mitnehmen. Neben einem Café existiert auch ein sehr gut sortierter Buchladen mit Publikationen zum Thema Galizien und jüdische Geschichte. *Tgl. 10–18 Uhr | Eintritt 15 Pln | ul. Dajwór 18 | www.galiciajewishmuseum.org*

4 PLAC NOWY (NEUER PLATZ)
(114 B3) (ℳ F8)

Der Platz hat bis heute seine Handelsfunktion behalten, obwohl sich das Warenangebot gewandelt hat: In seiner Mitte steht die Halle Okrąglak, in der sich bis 1939 ein koscheres Geflügelschlachthaus befand. Das geschächtete Fleisch wurde dann auf dem Markt verkauft. An den kleinen Imbissständen im Okrąglak bekommen Sie leckere INSIDER TIPP *zapiekanka*. Der Kultsnack für 5 bis 7 Pln ist eine Art polnische Pizza, am bekanntesten Imbiss, *U Endziora,* müssen Sie allerdings Schlange stehen.
Jeden Tag findet auf dem Plac Nowy ein Viktualien- und Blumenmarkt statt und

INSIDER TIPP
am Wochenende ein Floh-
markt, auf dem in erster Linie Kleidung,
Taschen und Schmuck (auch Designerwa-
re zu sehr guten Preisen) angeboten werden. Am Samstag finden Sie außerdem
Antiquitäten, darunter auch viele alte
jüdische Silberwaren. Rund um den Platz
gibt es unzählige Restaurants und Kult-
kneipen wie etwa das *Alchemia,* die im
Sommer unter freiem Himmel servieren.

5 SYNAGOGA REMUH (REMUH-SYNAGOGE) ★ (114 C3) (*F7*)

In Kazimierz sind alle sieben Synagogen
erhalten geblieben, und in der Remuh-
Synagoge aus dem 16. Jh. werden am
Schabas (also am Freitag nach Sonnenuntergang und am Samstag) und an
anderen jüdischen Festen regelmäßig
Gottesdienste abgehalten. Ihr Inneres
ist sehr schlicht und unverziert und ent-
spricht dem Verbot im Alten Testament,
in der Kunst Schmuckmotive aus der le-
bendigen Welt zu entlehnen. Die ortho-
doxe Aufteilung in getrennte Bereiche für

Männer und Frauen ist architektonisch
auch heute noch zu sehen.

Der angrenzende *Alte jüdische Friedhof
(Stary Cmentarz)* wird heute nicht mehr
genutzt – die Beisetzungen finden auf
dem Neuen Friedhof statt –, ist aber
wegen der vielen alten Grabsteine sehr
sehenswert. Das größte Grabmal ist das
von Iserles Remuh, der von seinen Glau-
bensbrüdern wie ein Heiliger verehrt
wird und im 16. Jh. der Rabbiner der
Gemeinde war. Die Juden aus aller Welt
pilgern zu seinem Grab, denn dort sollen
ihre Gebete garantiert erhört werden.

Rechts vom Friedhofseingang sehen Sie
die in die östliche Mauer eingelassenen
Reste von *macewas* (jüdische Grabsteine)
die während der Renovierungsarbeiten
in den 1950-er Jahren auf dem Friedhof
gefunden wurden. Die Krakauer nennen
sie „Klagemauer" nach dem Pendant in
Jerusalem. Für den Besuch in der Synagoge und auf dem Friedhof müssen sich
Männer die Köpfe bedecken – sollten Sie
keine Mütze dabeihaben, so können Sie

Die Remuh-Synagoge ist die einzige Krakaus, in der noch Gottesdienste gefeiert werden

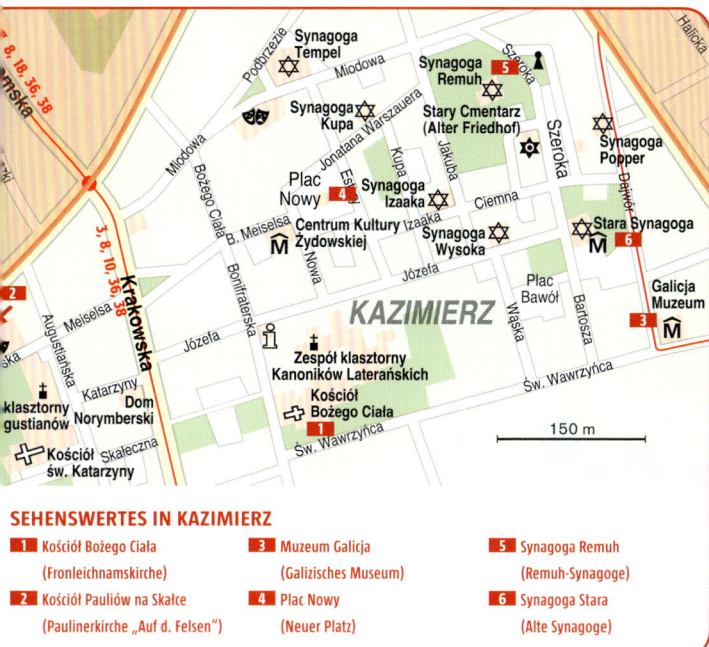

SEHENSWERTES IN KAZIMIERZ

1 Kościół Bożego Ciała
(Fronleichnamskirche)

2 Kościół Pauliów na Skałce
(Paulinerkirche „Auf d. Felsen")

3 Muzeum Galicja
(Galizisches Museum)

4 Plac Nowy
(Neuer Platz)

5 Synagoga Remuh
(Remuh-Synagoge)

6 Synagoga Stara
(Alte Synagoge)

eine *kippa* kostenlos in der Synagoge ausleihen. *Mo–Do 9–16 (im Sommer bis 18 Uhr), Fr 9–15.30 (im Sommer bis 17.30 Uhr) | Eintritt 5 Pln | ul. Szeroka 40*

6 SYNAGOGA STARA (ALTE SYNAGOGE) (114 C3) (⌖ F8)

In der gotischen Synagoge, die in der Renaissance umgebaut wurde, befindet sich heute ein jüdisches Museum. Der Tempel stammt aus dem ausgehenden 15. Jh. und ist die älteste Synagoge Polens. Schon von außen ist die traditionelle Aufteilung in einen Männer- und einen Frauenteil zu sehen. Das Museum erzählt die Geschichte des jüdischen Alltags: Messer zum Schächten, Instrumente zum Beschneiden, Kronen und Glocken für die Tora. *Mo 10–14, Di–So 9–17 Uhr | Eintritt 8 Pln, ● Mo frei | ul. Szeroka 24*

IN ANDEREN VIERTELN

DOM MEHOFFERA (JÓZEF-MEHOFFER-HAUS)
(108 C4) (⌖ B4)

Das Museum ist einem der größten Maler des Jugendstils gewidmet: Józef Mehoffer (1869–1946) kaufte das Geburtshaus von Stanisław Wyspiański, eine neoklassizistische Villa in Nowy Świat, im Jahr 1932 und lebte hier mit seiner Familie bis zu seinem Tod. Das Haus mit seiner originalen Einrichtung, den Familienfotos und Andenken an den Künstler ist ebenso sehenswert wie dessen Bilder und Projekte, zu denen etwa die Glasfenster der Kathedrale in Freiburg gehören. An das Haus grenzt der **INSIDER TIPP** **Garten**, in dem viele von Mehoffers Bildern entstanden – eine grüne Oase mitten in der Stadt, in der Sie perfekt eine Sightseeing-Pause einlegen können. *Mi–Sa 12–18, So 10–16, Garten u. Museumscafé Ważka 10–21.30 Uhr | Eintritt 6 Pln, So frei | ul. Krupnicza 26 | muzeum.krakow.pl*

FABRYKA SCHINDLERA (SCHINDLER-FABRIK) ★ ● (115 F5) (*J9*)

Im Fabrikgebäude der Deutsche Emailwarenfabrik (D.E.F.) von Oskar Schindler hat das Städtische Museum Krakau die sehr anschauliche Dauerausstellung „Krakau unter der Nazi-Okkupation 1939–1945" über das Schicksal der jüdischen und nicht-jüdischen Stadtbewohner eingerichtet. Über drei Etagen begleiten die Besucher die Krakauer Bevölkerung durch die Besatzungszeit, erleben die furchtbaren Zustände im Getto mit und schließlich die Befreiung durch die Rote Armee im Januar 1945. Die original erhaltenen Büroräume erinnern an Oskar Schindler, der in seiner Fabrik Ausrüstung für die deutsche Armee produzierte. Am Anfang nur auf seinen Gewinn bedacht, entschloss er sich im März 1943, als das Getto von den Nazis liquidiert wurde, mehr als 1100 Juden vor den Konzentrationslagern unter dem Vorwand zu retten, sie als kriegswichtige Arbeiter zu benötigen. Schindlers Eingreifen wurde spätestens mit Steven Spielbergs Film „Schindlers Liste" 1993 weltbekannt. *April–Okt. Di–So 10–20, Mo 10–16, Nov.–März Di–So 10–18, Mo 10–14 Uhr | Eintritt 15 Pln, Mo frei | ul. Lipowa 4 | mhk.pl*

KOŚCIÓŁ JEZUITÓW (JESUITEN-KIRCHE) (111 E3) (*F5*)

Die monumentale, dreischiffige Basilika aus rotem Backstein mit ihrem 70 m hohen Turm wurde zwischen 1909 und 1921 im Stadtteil Wesoła gebaut. Architektonische Details und die Skulpturen an der Fassade sind aus hellem Stein oder aus Metall gegossen. Mit dem Bau gelang dem Architekten Franciszek Mączyński eine interessante Verbindung moderner Technologie – das Gewölbe ist aus Beton und Eisen – und Tradition, denn die Mosaiken erinnern an frühchristliche Kir-

Inspiration für Jugendstilkünstler: der kleine, feine Garten des Mehoffer-Hauses

chen. Besonders interessant ist das Innere: Die Gewölbe wurden mit Malerei und goldenen Mosaiken geschmückt. *Nur zu Messezeiten | ul. Kopernika 26*

MOGIŁA (U F3) (*◫ 0*)

Im Mittelalter war Mogiła ein von Krakau unabhängiges Dorf, heute gehört es zum Stadtteil Nowa Huta. Keimzelle war auch hier eine Klostergründung: Um 1222 begannen Zisterziensermönche mit dem Bau eines Klosters mit Kirche. Es entstand eine große dreischiffige Basilika mit jeweils zwei Kapellen auf jeder Seite der Altars, die im 14. und 17. Jh. umgebaut und barockisiert wurde. An die Kirche grenzt von Süden das Klostergebäude, das weiterhin von Zisterziensern bewohnt wird und deshalb nicht betreten werden kann. Trotz der stilistischen Veränderungen haben die Kirche und das Kloster ihren mittelalterlichen Charakter bewahrt. Besonders kostbar sind das gotische Kreuz und die Malereien in der Kirche, die von Stanisław Samostrzelnik aus dem 16. Jh. stammen. *Tgl. 7–19 Uhr, außer zu Messezeiten | ul. Klasztorna 11*

Gegenüber der Abtei steht auf der anderen Staßenseite eine der ältesten Holzkirchen Polens: Die dreischiffige Hallenkirche *Kościół św. Bartłomieja (St.-Bartholomäus-Kirche)* wurde von den Zisterziensern für die Bevölkerung des Dorfs gebaut. Das gotische Gotteshaus aus dem 15. Jh. wurde im 17. Jh. barockisiert und mit illusionistischer Malerei geschmückt. *Tgl. 7–19 Uhr, außer zu Messezeiten | ul. Klasztorna 12 | Straßenbahn 15: Klasztorna*

MOCAK (MUSEUM FÜR MODERNE KUNST) (115 F5) (*◫ J9*)

Das Museum für Moderne Kunst, kurz MOCAK, wurde 2011 eröffnet und präsentiert auf 10 000m² Fläche Austellungen und Projekte, die die neuesten Strömungen in der polnischen und internationalen Kunst spiegeln. Die Daueraustellung wird durch sehenswerte temporäre Schauen ergänzt. Für den Museumsbau wurden zum Teil Gebäude der Schindler-Fabrik genutzt, zum Teil entstanden aber auch ganz neue Austellungsräume. *Di–So 11–19 Uhr | Eintritt 10 Pln | ● Di frei | ul. Lipowa 4 | www.mocak.com.pl*

MUZEUM NARODOWE (NATIONAL-MUSEUM) (108 B5) (*◫ A5*)

Weil sich die Bestände des 1879 gegründten Museums rasant vergrößerten, sind seine Abteilungen – etwa die Galerie in den Tuchhallen oder das Czartoryski-Museum – über die Stadt verteilt. Hier, im Hauptgebäude, ist neben einer Militärausstellung und polnischem Kunsthandwerk vor allem die „Galerie der polnischen Kunst des 20. Jhs." interessant. Im Museum befindet sich das Café *Tribeca Coffee (Mo 10–15, Di–Sa 10–18, So 10–16 Uhr). Di–Sa 10–18, So 10–16 Uhr | Eintritt 10 Pln, So Daueraustellung frei | Al. 3. Maja 1 | www.muzeum.krakow.pl*

NOWA HUTA (NEUE HÜTTE) (U E–F2–3) (*◫ 0*)

Nowa Huta wurde in der Nachbarschaft Krakaus 1949 als unabhängige Stadt gegründet. Sie sollte sowohl eine ökonomische wie auch eine politische Rolle erfüllen: Nach dem Zweiten Weltkrieg dachten die russischen Besatzer zum einen an eine kommunistische Vorzeigestadt, in der die Einwohner – die massenhaft aus den ländlichen Gebieten Polens nach Nowa Huta transportiert wurden – in modernen Wohnblocks aus Beton ihr Leben führen sollten. Zum anderen war Nowa Huta als Gegengewicht zum bourgeoisen, intellektuellen Zentrum Krakaus geplant, eine unabhängige Arbeiterstadt mit kompletter Infrastruktur – und integriertem Arbeitsplatz: Parallel mit dem

Besonders eindrucksvoll in der Kirche Arche des Herrn: die riesige Jesus-Figur

Bau der ersten Häuser wurde das Lenin-Eisenhüttenkombinat hochgezogen. Berühmt wurde Nowa Huta auch wegen der *Arche des Herrn (tgl. 6.30–18 Uhr, außer zu Messezeiten | ul. Obrońców Krzyża 1 | Bus 139: Arka),* der ersten Kirche der sozialistischen Modellstadt. Die Bevölkerung kämpfte über zehn Jahre um die Erlaubnis, das religiöse Gebäude errichten zu können, vielen kosteten die Auseinandersetzungen das Leben. 1977 schließlich, nach weiteren zehn Jahren Bauzeit, wurde die Arche des Herrn vom damaligen Erzbischof Karol Wojtyła geweiht.

Ihre moderne Architektur erinnert an die berühmte Kapelle des Architekten Le Corbusier in Ronchamp. Das Gebäude in Nowa Huta hat die Form eines großen Boots mit dem Kreuz als Mast. Es wurde zum großen Teil aus runden, hellen Steinen gebaut, die von den Gläubigen selbst in Flüssen gesammelt wurden. Das Innere beeindruckt besonders durch die Dachkonstruktion aus Holz und das monumentale, aus Metall gegossene Kreuz

mit der Jesus-Figur, das von der Decke bis zum Boden reicht. In das Tabernakel wurde ein Kristall eingesetzt, den die Besatzung von „Apollo 11" vom Mond mitbrachte.

Bis heute ist es nicht gelungen, Nowa Huta und seine 250 000 Ew. mit den restlichen Stadtteilen Krakaus zu verschmelzen – die kulturellen Unterschiede in der sozialen Struktur sind zu groß. Zumal das Arbeiterviertel mit hoher Arbeitslosigkeit zu kämpfen hat, nachdem das Stahlwerk privatisiert und ein großer Teil der Arbeiter entlassen wurde.

Die interessanteste Architektur des Viertels stammt aus den 1950er- und 1960er-Jahren und liegt am *pl. Centralny (Zentraler Platz),* von dem vier Hauptstraßen und eine Fußgängerallee *(Aleja Róż)* abgehen. Die Häuser, die hier stehen, haben einen neoklassizistischen Charakter, die Wohnungen sind groß und sonnig, in der Umgebung liegen weitläufige Parks. Ganz anders sieht die Architektur aus der späteren Phase (1970er- und 1980er-Jah-

e) aus: Schnell und billig gebaute, hohe, graue Wohnblöcke mit eingeplanten 8 m² Fläche pro Person prägen hier das Gesicht des Stadtteils. Die Entfernungen in Nowa Huta sind ziemlich groß, planen Sie für den Besuch mindestens einen halben Tag ein. *Straßenbahn 1 (Teatr Ludowy), 4 (Plac Centralny), 15 (Cystesów), Bus 139: Arka*

OGRÓD BOTANICZNY (BOTANISCHER GARTEN) ● (U C3) (🕮 H–J 4–5)

Die schönste Zeit im Botanischen Garten ist INSIDER TIPP **der Sommer und der frühe Herbst**, wenn die Lilien, Päonien und Iris blühen. Der Park mit seiner eigentümlich geheimnisvollen Atmosphäre stammt als Teil eines Schlossgartens aus dem Jahr 1783 und erstreckt sich auf einer Fläche von fast 10 ha. Den Grundstein legte die Fürstenfamilie Czartoryski, später ging das Gelände an die Jesuiten, die es wiederum an die Krakauer Universität verkauften. In einem klassizistischen Schlösschen wurde Ende des 18. Jhs. das astronomische Observatorium eingerichtet, gleichzeitig entstanden die ersten Gewächshäuser.

Im Gebäude der ehemaligen Sternwarte befindet sich heute das *Botanische Museum*. Neben der größten Sammlung von Orchideen in Polen begeistern die Alpinarien, die Wasserlilien, die auf den zwei Teichen blühen, und eine reiche Sammlung von Azaleen und Rhododendronsträuchern. Der älteste Baum der Anlage ist eine 500-jährige Eiche. Am besten erreichen Sie die grüne Oase zu Fuß vom Marktplatz aus über die ul. Kopernika. *April–Okt. tgl. 9–19 Uhr, Palmenhäuser Sa–Do 10–18 Uhr | Eintritt 6 Pln | ul. Kopernika 27*

PODGÓRZE (117 E4) (🕮 E–J 9–10)

Auf einem 20 ha großen Teil des heutigen Stadtteils Podgórze richteten die Na-

zis im März 1941 das jüdische Getto ein. Wo zuvor 3000 Menschen gewohnt hatten, mussten später 16 000 leben – eine unvorstellbare Enge. Heute ist das Getto durch durch keine Mauer oder besondere Schilder gekennzeichnet, auf dem *Plac Bohaterów Getta (Platz der Gettohelden)* – dem früheren Marktplatz von Podgórze – erinnert eine Installation aus metallenen Stühlen an die Zerstörung des Gettos im März 1943, als das gesamte Mobiliar und persönliche Gegenstände der Bewohner aus den Fenstern geworfen wurden. Die Menschen wurden entweder im Getto selbst erschossen oder in Arbeits- und Konzentrationslager wie Płaszów oder Auschwitz abtransportiert. In der *Apteka Pod Orłem (Apotheke zum Adler)*, in der sich heute ein Museum befindet *(April–Okt. Mo 10–14, Di–So 9.30–17, Nov.–März Mo 10–14, Di–Do/Sa 9–16, Fr 10–17 Uhr | Eintritt 6 Pln, Mo frei | pl. Bohaterów Getta 18 | mhk.pl)* führte Tadeusz Pankiewicz die einzige Apotheke, die die Juden mit Medikamenten versorgte. Viele von ihnen, hauptsächlich Kinder, rettete er, als er sie in den Apothekenschränken versteckte. Die Ausstellung im Museum befasst sich mit der Geschichte des Gettos und des Konzentrationslagers Płaszów.

WOLA JUSTOWSKA (117 D4) (🕮 0)

Interessant ist der schönste und exklusivste Bezirk der Stadt, der im 20. Jh. eingemeindet wurde, nicht nur wegen seiner Villen und Einfamilienhäuser mit ihrer extravaganten Architektur, sondern auch wegen seiner Lage: An der einen Seite grenzt er an den Las Wolski (Wolski-Wald), in dem sich der Zoo und viele Spazierwege befinden, und an der anderen an den Fluss Rudawa.

Die ● *Willa Decjusza (Decius-Villa)* ist ein weiterer Grund, Wola Justowska zu besuchen. Gebaut wurde sie im 16. Jh. von dem damaligen Besitzer des Gebiets,

Herrschaftlicher Eingang: das Renaissance-Kleinod Decius-Villa

ende Drachenskulptur an der Weichse gegossen hat. Seine Werke lassen sich hier unter freiem Himmel bewundern in der Galerie können Sie in einem kle nen Café bei einem leckeren Cappuccino neue Kräfte sammeln (*Galerie u. Café tgl. 11–19 Uhr). Nur bei Veranstaltunger zugänglich | ul. 28 lipca 1943 17a | www villa.org.pl | Bus 152: Park Decjusza.*

AUSSERHALB

AUSCHWITZ-BIRKENAU ★
(116 C4) (*0*)

Wie kaum ein anderer Name steht de des Konzentrationslagers Auschwitz-Bi kenau für die unvorstellbaren Gräuelta ten der Nationalsozialisten. Im größter deutschen Vernichtungslager wurder mehr als 1,2 Mio. Menschen – überwie gend Juden – ermordet. Heute befinder sich auf dem 190 ha großen Gelände bei Oświęcim (ca. 45 km von Krakau eine Gedenkstätte und ein Museum Die Organisation des ursprünglicher Arbeitslagers zeigt, mit welch perfide technokratischer Kälte die Besatzer ans Werk gingen: Während die Menschen im Lager III (Monowitz) in der Fabrik der Bu na-Werke (IG-Farben) schuften mussten wurden die Häftlinge in Auschwitz I im Straßen- und Wohnungsbau eingesetzt Hier – im größten Teil des Lagers – warer Wohnbaracken, Gefängnis, Todeszeller Verwaltung und die Wohngebäude des Lagerkommandanten Rudolf Höß und seiner Familie. Den zynischen Satz „A beit macht frei" können Sie bis heute am Haupteingangstor von Auschwitz I leser Das wahre Grauen passierte in Auschwitz II (Birkenau): In vier großen Gaskam mern wurden die Menschen ermorde und in den Krematorien verbrannt – die Wohnbaracken aus Holz waren nur prov sorisch. Der Besuch in Auschwitz berühr

dem königlichen Sekretär Just Decius. Die Renaissancevilla lag als typische *villa suburbana* damals noch weit außerhalb der Stadt. Nach einem Umbau im 17. Jh. hat sie heute die Form eines Vierecks mit einer monumentalen Loggia. Obwohl Krakau im Lauf der Jahrhunderte um die Villa herumwuchs, hat sie sich ihren romantischen Charakter erhalten. Das Haus steht in einem 10 ha großen Park, es beherbergt ein luxuriöses Restaurant, im Sommer finden hier oft Konzerte der Stiftung „Dialog der Kulturen" statt.
Im Park befindet sich auch die *Galerie des Krakauer Bildhauers Bronisław Chro-my*, der unter anderem die feuerspei-

– und schockiert – zutiefst, bereiten Sie sich und vor allem Ihre Kinder gut darauf vor. Planen Sie ca. 5 Stunden für den Besuch ein.

Lager Auschwitz: April–Okt. nur mit Führung (4 Std.) | Führung auf Deutsch April, Okt. 12, Mai–Sept. 10.30, 12, 13.30 Uhr | Eintritt 40 Pln, Nov.–März ohne Führung kostenlos; Museum: tgl. Dez./Jan. 8–15, März/Nov. 8–16, April/Okt. 8–17, Mai/Sept. 8–18, Juni–Aug. 8–19 Uhr | Eintritt frei | Więźniów Oświęcimia 20 | Oświęcim | www.auschwitz.org.pl | Anfahrt: Minibusse vom Krakauer Bhf. oder mit dem Auto über die Dw 780, Dk 44 oder A4 Richtung Oświecim, Beschilderung „Muzeum Auschwitz"

WIELICZKA (117 E5) (*Ø 0*)

Das Salzbergwerk in Wieliczka (10 km südlich), seit 1978 Unesco-Weltkulturerbe, ist eine der größten Attraktionen des Krakauer Umlands. Vom 13. Jh. an war die Mine für Krakau und die ganze Monarchie eine der wichtigsten Einnahmequellen, in der Glanzzeit im 15. Jh.

machte der Salzhandel mehr als 30 Prozent des Gesamteinkommens aus. Der Abbau wurde bis ins 20. Jh. betrieben, heute wird allerdings nur noch wenig Salz gewonnen.

Unter Tage gibt es mehr als 300 km labyrinthartige Wege auf neun Etagen. Die größte Attraktion – neben den 20 m hohen Kammern und einem Salzsee – ist die Kaplica św. Kingi (Kapelle der seligen Kinga), wo alles, selbst der Kronleuchter, die Altäre und der Fußboden, aus reinem Salz ist. Unter Tage finden Sie ein Restaurant und Souvenirläden.

INSIDER TIPP ▶ Pullover nicht vergessen: nur 14 Grad! *April–Okt. tgl. 7.30–19.30, Nov.–März 8–17 Uhr, engl. Führung 10, 11, 11.30, 12.30, 13.45, 15, 17 Uhr, dt. Führung bestellen unter Tel. 01 22 78 73 02 | Eintritt 64 Pln, mit dt. Führung 265 Pln | Daniłowicza 10 | Wieliczka | www.kopalnia.pl | Anfahrt: Bus 304 (Filharmonia bis Wieliczka kościół, bilet aglomeracyjny. 2,60 Pln) oder mit dem Auto auf der A4 Richtung Tarnów bis Abfahrt Wieliczka, Beschilderung Kopalnia (Bergwerk).*

Salz als künstlerischer Werkstoff: Skulpturen im Salzbergwerk Wieliczka

ESSEN & TRINKEN

Natürlich können Sie in Krakau ganz hervorragend polnisch essen. Aber längst sind auch alle anderen Nationalitäten kulinarisch vertreten: Die Gastro-Welt ist bunt und alles andere als langweilig. Eine Tatsache, die sogar zu sozialistischen Zeiten galt: Schon damals hatte Krakau den Ruf einer kulinarischen Hochburg. Heute bedeutet gehobene polnische Küche, dass viel Fisch (Forellen, Karpfen) und Wild auf den Tisch kommen, Krebssuppe, Rehfilet oder Ente gehören ebenso zur polnischen Tradition wie *pierogi* (Teigtaschen) oder *gołąbki* (Kohlwickel). Außerdem ist die polnische Küche berühmt für ihre guten Suppen, *barszcz* (aus roten Rüben), *żurek* (Mehlsuppe) oder *zupa borowikowa* (Steinpilzsuppe) sind in jedem Restau-

rant zu bekommen. Die Polen essen seh viel Fleisch – Schweine- und Kalbfleisch aber auch Geflügel. Lamm wird meis tens mit Kartoffeln oder Reis serviert, ir manchen Lokalen bekommen Sie auch die traditionelle Grütze dazu. Frühe war Salat auf dem Teller eher eine Se tenheit, das hat sich mittlerweile geän dert: Vegetarier müssen keinen Verzich üben, selbst das Nationalgericht *pierog* gibt es in fleischloser Version. Und al Sahnehäubchen auf dem feinen Esser – das meist nicht besonders teuer ist entpuppt sich oft die Atmosphäre: Seh viele Restaurants und Cafés befinden sic in renovierten gotischen Kellern. Und in Sommer wandern die Tische nach drau ßen, in romantische Innenhöfe oder an die belebte Straße. Da schmecken dan

---

Bild: Restaurant Cherubino

Ob polnische oder internationale Küche, ob Pizza oder *pierogi:* Krakau steht seit Jahrzehnten für kulinarische Abwechslung

die berühmten polnischen Biere *Żywiec* oder *Okocim* besonders.

Dass Krakau kulinarisch so vielfältig ist, liegt auch an der Geschichte der Stadt. Koschere und süßsaure Spezialitäten stammen aus der jüdischen Küche, aus der Habsburger Zeit kommt alles, was böhmisch, ungarisch und österreichisch inspiriert ist – inklusive der mit viel Liebe gepflegten Kaffeehauskultur. Heute darf es aber auch spanisch, asiatisch, mexikanisch, griechisch oder indisch sein, von den vielen italienischen Lokalen ganz zu schweigen. Ein leckerer Snack ist auch die polnische Version der Pizza: *zapiekanka* ist eine überbackene Baguettehälfte mit Pilzen, Gemüse oder Schinken.

Die meisten, teuersten und besten Restaurants befinden sich im Zentrum und in Kazimierz. Die wichtigste Mahlzeit ist gegen 12 Uhr das Mittagessen, abends isst man zwischen 18 und 19 Uhr. Die meisten Restaurants sind bis spät in die Nacht und – falls nicht anders angegeben – täglich geöffnet. In vielen Bistros gibt es ab 8 Uhr Frühstück, in den meisten Cafés bekommen Sie außer Geträn-ken auch Kleinigkeiten zu essen. In polni-schen Lokalen darf geraucht werden, meist finden sich aber Nichtraucherzonen.

an Tees INSIDER TIPP in traditioneller japanischen Gefäßen aus Ton und kle nen Tassen, japanisches Bier und Saue kirschentarte. *Mo geschl. | ul. Marii Ko*

Das Café Pożegnanie z Afryką ist das Mekka für alle Kaffeeliebhaber

CAFÉS & KONDITOREIEN

CAFÉ CAMELOT (110 C2) (*D4*)

Dieses Café war früher eine Galerie mit Folklorekunst: Die Sammlung der naiven Gemälde des polnischen Malers Nikifor ist eine der größten im Land, außerdem finden sich typische Holzschränke, Vitri-nen und handbemale Kästen wie in einer Bauernstube. Tolle Salate, stadtbekann-ter Apfelkuchen, hausgemachte Liköre. 2 Min. vom Marktplatz in einer ruhigen Seitengasse. Draußen ist es auch sehr gemütlich. *Tgl. | ul. św. Tomasza 17 | Tel. 012 421 01 23*

CAFÉ MANGGHA ☀ (113 D4) (*C8*)

Im Gebäude des Japanischen Museums, mit einmaligem Blick auf den Wawel-Hügel von der Terrasse. Große Auswahl

nopnickiej 26 | Tel. 012 267 27 03 | www cafemanggha.pl

JAMA MICHALIKA (110 C2) (*E4*)

Eines der ältesten Cafés (1895) de Stadt, mit originalem Jugendstilinte rieur. Anfang des 20. Jhs. kamen viel Studenten der Kunsthochschule hierhe die mit ihren Bildern „bezahlten". Au ßer Torten auch kleine Gerichte. *Tgl. | u Floriańska 45 | Tel. 012 422 15 61 | www jamamichalika.pl*

KAWIARNIA NOWOROLSKI
(110 B3) (*D5*)

Im traditionellen, schicken Café im Wie ner Stil können Sie in aller Ruhe eine der tollen Kuchen probieren, etwa di INSIDER TIPP Torte aus drei verschiede nen Schokoladensorten. Draußen sitzer

Sie direkt auf dem Marktplatz mit Blick zur Marienkirche. *Tgl. ab 8 Uhr | Rynek Główny 1/3 | Tel. 012 422 47 71 | www. noworolski.com.pl*

NOWA PROWINCJA (110 B3) (🗺 D5)

Ein Kultcafé im Herzen der Stadt. Probieren Sie die Trinkschokolade und das Gebäck wie etwa den Schokoladenkuchen mit Schlagsahne oder die Zitronentarte. Im 1. Stock ist ein Raum für Nichtraucher, draußen sitzen Sie auf alten Schulbänken. *Tgl. | ul. Bracka 3–5 | Tel. 012 430 24 66 | www.nowaprowincja.krakow.pl*

POŻEGNANIE Z AFRYKĄ (110 C3) (🗺 E4)

Eine ganz besondere Adresse für Kaffeeliebhaber: Unzählige Sorten des Bohnengetränks aus der ganzen Welt werden hier nicht nur serviert, sondern können auch gekauft werden. Hier bekommen Sie sogar den exklusivsten und teuersten Kaffee der Welt – Kopi Luwak aus Indonesien –, von dem pro Jahr nur 300–400 kg produziert werden. *Tgl. | ul. św. Tomasza 21 | Tel. 012 212 123 39 | www. pozegnanie.pl*

SŁODKI WENTZL (110 B3) (🗺 D5)

Von Kuchen und Torten bis zu besonderen Eiskreationen finden Sie hier die größte Auswahl an Desserts in der Stadt. Besonders schön ist es draußen zu sitzen, mit schönem Blick auf die Tuchhallen. Es gibt auch Eis zum Mitnehmen. *Tgl. | Rynek Główny 19 | Tel. 012 429 57 12 | www. slodkiwentzl.pl*

EISDIELEN

GRYCAN (115 D–E 2–3) (🗺 H7)

Seit 80 Jahren bietet das Familienunternehmen über 40 Eis- und viele Sorbetsorten an, von denen Sie das Orangenlikör-, Rosen- und Trüffeleis probieren sollten. *Tgl. | ul. Podgórska 34 (Galeria Kazimierz) | Tel. 012 433 01 53 | www. grycan.pl*

INSIDER TIPP ▸ PRACOWNIA CUKIERNICZA STANISŁAW SARGA (114 C3) (🗺 G8)

Nur sechs verschiedene Sorten Eis hat der Miniladen im Angebot – aber vielleicht ist es gerade deswegen das beste der Stadt. Schokoladeneis mit ganzen Schokoladenstücken oder Erdbeereis mit ganzen Erdbeeren – köstlich! Nicht selten muss man an der Theke Schlange stehen. *So geschl. | ul. Starowiślna 83 | Straßenbahn 13: św. Wawrzyńca*

IMBISS

CAFÉ BOTANICA (110 B4) (🗺 D5)

Kaffee und Kuchen und große Auswahl an Salaten, Tartes, Toasts und Brötchen. Im Innenhof nette INSIDER TIPP ▸ Orangerie mit Glasdach. *Tgl. | ul. Bracka 9 | Tel. 012 422 89 80 | www.cafebotanica.pl*

⭐ **Chimera**
Riesige Auswahl an frischen Salaten – im schönen Innenhof oder vor dem Kamin → S. 56

⭐ **Wesele**
Polnische Küche mit internationalem Flair → S. 58

⭐ **Carlito**
Polnische und italienische Küche, serviert mit Blick von der Dachterrasse → S. 58

⭐ **Wentzl**
Luxus pur und einmalige Wildgerichte in einem der besten Restaurants Krakaus → S. 58

MARCO POLO HIGHLIGHTS

SPEZIALITÄTEN

▶ **barszcz** – Suppe aus roten Rüben, mit Ei, Kartoffeln oder Kroketten. Auch ein typisches Weihnachtsgericht, zusammen mit kleinen Teigtaschen mit Sauerkrautfüllung (Foto li.)
▶ **bigos** – Eintopf mit Fleisch, Wurst, Sauerkraut und Pilzen. Die Luxusversion wird mit Rotwein serviert (Foto re.)
▶ **gołąbki** – in Krautblätter gewickelte Füllung aus Reis und Fleisch, auch vegetarisch mit Reis und Champignons üblich. Serviert in Tomaten- oder Champignonsauce

▶ **pierogi** – große Teigtaschen mit verschiedenen Füllungen. *Pierogi ruskie:* mit gekochten Kartoffeln und Quark, *pierogi z mięsem:* mit Fleisch, *pierogi z kapustą i grzybami:* mit Sauerkraut und Pilzen. In der Saison auch mit Erdbeeren *(z truskawkami)* oder Pflaumen *(z śliwkami)*
▶ **rosół** – Fleischbouillon mit Nudeln, wird meist am Sonntag serviert
▶ **sernik** – Käsekuchen
▶ **zurek** – saure Mehlsuppe mit gekochtem Ei, Wurst und Kartoffeln

CHIMERA ⭐ (110 B3) (*ω D5*)
Die Salate, die Sie an der Theke selbst zusammenstellen, kosten als kleine Portion 4 Pln und als große 6 Pln. Im Sommer Garten, im Winter Kamin. Außerdem: Brennnesselsaft, Gerichte vom Grill und Suppen. *Tgl. 12–23 Uhr | ul. św. Anny 13 | Tel. 01 22 92 12 12 | www.chimera.com.pl*

DYNIA (108 C4) (*ω C4*)
Kleine Gerichte: Frühstück, Lunch und Abendessen. Viele Salate und ein Fitnessmenü. Im Sommer schöner Garten im Innenhof. *Mo–Fr 8–22, Sa/So 9–22 Uhr | ul. Krupnicza 20 | Tel. 01 24 30 08 38 | www.dynia.krakow.pl*

GREEN WAY ☺ (110 C3) (*ω E5*)
In der vegetarischen Öko-Bar mit glutenfreiem, fair gehandeltem Angebot ist vo[r] allem mittags sehr viel los *(Mittagsmen[ü] ab 15 Pln)*. Besonders gut: Milkshake[s,] Karottenkuchen und *kwas chlebowy,* ei[n] Getränk, das bei der Produktion vo[n] Vollkornbrot entsteht. *Mo–Fr 10–2[2,] Sa/So 11–21 Uhr | ul. Mikołajska 14 | Te[l.] 01 24 31 10 27 | www.greenway.pl*

INSIDER TIPP ▶ PIEROŻKI U VINCENTA
(114 A–B3) (*ω E8*)
Mehr als 30 verschiedene *pierogi.* Probie[ren] Sie *kreplach* (Teigtaschen mit Fleisch[,] Kartoffeln oder Kraut), eine jüdische

Spezialität, und *pielmieni,* eine russische Köstlichkeit mit Fleischfüllung. *Tgl. | ul. Bożego Ciała 12 | Tel. 0124 30 68 34 | Straßenbahn 8: pl. Wolnica*

PIZZERIAS

BANOLLI (114 B4) (*m F9*)

Lokal mit moderner, einfacher Ausstattung für ein junges Publikum. Sehr günstige Pizzas, auch Lieferservice, viele Sonderangebote: Die zweite Pizza ist z. B. um 60 Prozent billiger. Mehrere Filialen. *Tgl. | pl. Wolnica 10 | Tel. 0124 32 11 22 | Straßenbahn 8: pl. Wolnica*

TRZY PAPRYCZKI (110 B4) (*m D6*)

Rustikal eingerichtetes Lokal mit italienischer Atmosphäre und über 20 verschiedenen Pizzasorten. Auch Antipasti, Fleisch vom Grill, Pasta und Salate. *Tgl. | ul. Poselska 17 | Tel. 01 22 92 55 32 | www.trzypapryczki.krakow.pl*

RESTAURANTS €€€

ANCORA ☘ (110 C4) (*m D5*)

Fusion aus Tradition und moderner Küche, in der nur beste und frische Zutaten verarbeitet werden. Tolles Ambiente mit Blick auf die Dominikanerkirche. Manche Geschmackskombinationen sind auf den ersten Blick ungewöhnlich, aber überzeugen Sie sich selbst: Hering in Steinpilzsauce oder Schokoladensoufflé mit Schimmelkäse. Über 400 Weine. *Tgl. | ul. Dominikańska 3 | Tel. 0124 30 20 45 | www.ancora-restaurant.com*

CYRANO DE BERGERAC
(110 B2) (*m D4*)

Elegantes Restaurant in einem gotischen Keller mit hauptsächlich französischer Küche: Lammkotelett mit Rosmarin oder Rehfilet. Gute internationale Weine. *So geschl. | ul.* *Sławkowska 26 | Tel. 0124 29 54 20 | www.cyranodebergerac.pl*

FARINA (110 C2) (*m E4*)

Das beste Fischrestaurant in Krakau bietet von **INSIDER TIPP** Donnerstag bis Sonntag fangfrische Meerestiere. Auf der Karte finden sich aber auch Gerichte ohne Fisch. *Tgl. | ul. św. Marka 31 | Tel. 0124 22 16 80 | www.farina.krakow.pl*

HAWEŁKA – RESTAURACJA TETMAJEROWSKA (110 B3) (*m D5*)

Seit 1876 verwöhnt das Restaurant mit exklusiven polnischen und internationalen Speisen in original Fin-de-Siècle-Ausstattung. Im Treppenhaus hängen Bilder der polnischen Jugendstilmaler Wyspiański, Tetmajer und Stanisławski. Große Auswahl an Wildgerichten und Fisch. Im Erdgeschoss befindet sich die etwas günstigere Variante des Restaurants, das eine ganz besondere Steinpilzsuppe in Brot auf der Karte stehen

LOW BUDG€T

▶ Mittags werden oft *Tagesmenüs (danie dnia)* angeboten, die deutlich preiswerter sind als die Gerichte auf der Abendkarte. *Ab 15 Pln*

▶ Vor allem bei Studenten sehr populär sind die *Milchbars (bar mleczny)*. Suppen, Salate und einfache Fleischgerichte für kleine Geldbeutel. *Z.B.: Bar pod Temidą | ul. Grodzka 43*

▶ Der günstigste und schnellste Weg, satt zu werden, führt in die ul. Floriańska und ul. Grodzka. Dort finden Sie jede Menge *Kebapstände*, auch vegetarische. *Ab 10 Pln*

hat. In der Eingangspassage liegt die *Hawełka-Konditorei* für Süßes zum Mitnehmen. *Tgl. Mitte März–Mitte Nov. ab 11, sonst 12–22.30, Restaurant im 1. Stock auf Wunsch (ab 10 Gäste) | Rynek Główny 34 | Tel. 0124 22 63 24 | www.hawelka.pl*

SZARA (110 B3) (*ⓜ D5*)

Restaurant in einem mittelalterlichen Bürgerhaus mit gotischem Gewölbe, verziert mit Jugendstilfresken. Internationale Küche der Luxusklasse: *raraka* (Kartoffelpuffer mit Kaviar, saurer Sahne und Zwiebel), Rentiertatar mit Meerrettich oder Lachstatar mit Kapern. **INSIDER TIPP** Zwischen 12 und 15 Uhr gibt es Lunch zum günstigeren Preis. Im Sommer Tische auch draußen mit schönem Blick auf die abends beleuchtete Marienkirche. Im zweiten Raum eine Bar mit sehr guten Cocktails. *Tgl. 11–23 Uhr | Rynek Główny 6 | Tel. 0609 54 46 29 | www.szara.pl*

WESELE ★ (110 C4) (*ⓜ D5*)

Auf zwei Etagen wird mit Blick auf den Marktplatz moderne polnische und italienische Küche serviert – tolle Geschmackskombinationen wie polnische

Katroffelpuffer mit Rahm oder Ente mit Birne in Honig. *Tgl. 12–23 Uhr. | Rynek Główny 10 | Tel. 0124 22 74 60 | www.weselerestauracja.pl*

RESTAURANTS €€

CARLITO ★ ⚘ (110 C3) (*ⓜ E4*)

Eins der besten italienischen Restaurants. Besonders lecker sind die Suppe aus Tomaten und grünen Erbsen, die *gnocchi peperoncino* und die Fleischgerichte. Terrasse auf dem Dach mit schönem Blick. *Tgl. | ul | Floriańska 28 | Tel. 0124 29 19 12 | www.restauracjacarlito.pl*

CHERUBINO (110 C2) (*ⓜ E4*)

Hier werden die italienischen oder polnischen Fleisch- und Fischgerichte ganz frisch in einem großen Holzofen über dem offenen Feuer zubereitet. Rustikales Ambiente. *Tgl. | ul. św. Tomasza 15 | Tel. 0124 29 40 07 | www.cherubino.pl*

CHŁOPSKIE JADŁO (114 A3) (*ⓜ D4*)

Polnische Küche in ländlich-rustikaler Version: zwar schwer und fett, aber trotzdem sehr lecker. Das Restaurant ist eingerichtet wie eine alte Bauernstube

GOURMETTEMPEL

Wentzl ★ ● ⚘ (110 B3) (*ⓜ D5*)

Seit über 200 Jahren eins der besten Restaurants der Stadt, direkt am Marktplatz in einem gotischen Bürgerhaus. Reservieren Sie einen Tisch am Fenster, der Blick ist phantastisch. Empfehlenswert sind besonders die Wildgerichte. Große Weinauswahl. *Hauptgericht mit Fleisch (Ente, Kalb) oder Fisch ab 56 Pln | tgl. | Rynek Główny 19 | Tel. 0124 29 57 12 | www.wentzl.pl*

Wierzynek ⚘ (110 B3) (*ⓜ D5*)

Im berühmtesten Restaurant der Stadt aßen nach der Legende schon die Könige im 14. Jh. Auf drei Etagen werden polnische und internationale Spezialitäten serviert, die besten Plätze sind direkt am Fenster mit Blick auf den Marktplatz. Am Abend Reservierung notwendig. *Hauptgericht ab 52 Pln | tgl. 13–24 Uhr | Rynek Główny 15 | Tel. 0124 24 90 00 | www.wierzynek.com.pl*

Als Appetizer werden Schmalzbrote mit sauren Gurken gereicht, danach können Sie sich z. B. ein Schweineschnitzel mit Pflaume und Knoblauch gönnen. *Tgl. | ul. św. Agnieszki 1 | Tel. 01 24 21 85 20 | www. chlopskiejadlo.pl*

KLEZMER HOIS ● (114 C2) (*F8*)

Ein jüdisches (kein koscheres!) Restaurant im Gebäude eines ehemaligen rituellen Bads (im Keller finden Sie noch Reste der Badebecken). Eingerichtet ist das Lokal wie ein bürgerliches Esszimmer Anfang des 20. Jhs. mit alten dunklen Möbeln und gestickten Tischdecken. Spezialität des Hauses: Truthahn in Honigsauce. Am Wochenende oft Klezmerkonzerte. *Tgl. | ul. Szeroka 6 | Tel. 01 24 11 12 45 | www.klezmer.pl | Straßenbahn 13: ul. Miodowa*

POD ANIOŁAMI (110 B4) (*D6*)

Fleisch vom Grill, Pasteten (Hasenpastete mit Preiselbeeren), Ente mit Apfel, dazu dunkles Vollkornbrot, Rotkohl und saure Gurken: allerfeinste polnische Küche also, serviert in einem gotischen Keller oder im Sommer im kleinen Garten im Innenhof. Gute Weinkarte und polnischer Trinkhonig. *Tgl. | ul. Grodzka 35 | Tel. 01 24 21 39 99 | www.podaniolami.pl*

RESTAURANTS €

GOSPODA KOKO (110 B3) (*D5*)

Das einfach eingerichtete Lokal serviert solide polnische Küche. Mittagsmenü mit hausgemachtem Kompott ab 12 Pln. *Tgl. | ul. Gołębia 8 | Tel. 01 24 30 21 35*

GRUZIŃSKIE CHACZAPURI

Spezialitäten der georgischen Küche, etwa Grillfleisch mit Reis und Saucen. Spezialitäten: *lavasz* (gewürztes Fleisch in einer Art Tortilla), *inhali* (große Teigtaschen, gefüllt mit rohem Fleisch, das

Gastlichkeit seit mehr als 200 Jahren: Restaurant Wentzl

im Teig gekocht wird). Außerdem Kinderportionen und gute Weine aus Georgien. *Tgl. | ul. Floriańska 26 (110 C2) (E4) | Tel. 012 4 29 11 31; ul. Sienna 4 (110 B–C3) (E5) | Tel. 012 4 29 11 66; ul. Św. Anny 4 (110 A–B3) (D5) | Tel. 01 24 22 61 28 | www.chaczapuri.pl*

KOLANKO NUMER 6 (114 B3) (*F8*)

In ruhiger Atmosphäre können Sie hier alle Arten von Palatschinken genießen: Spinat und Feta, Fleisch mit Curry, Apfel und Zwiebel, süß mit Quark und Vanillesauce. *Tgl. | ul. Józefa 17 | Tel. 01 22 92 03 20 | Straßenbahn 8: pl. Wolnica*

POLAKOWSKI (114 B2) (*F7*)

Ein Selbstbedienungsrestaurant mit hausgemachten Gerichten nach polnischer Art. Die Auswahl an Suppen und Fleischgerichten ist groß. *Tgl. | ul. Miodowa 39 | Tel. 01 24 21 07 76*

EINKAUFEN

Die beliebtesten Einkaufsmeilen in Krakau, neben der **Galeria Krakowska** und der **Galeria Kazimierz**, sind die **ul. Floriańska** und die **ul Grodzka**. Hier befinden sich die meisten Geschäfte mit Mode, Schuhen und Schmuck, dazu Kunstgalerien und Antiquitätenläden. Rund um den **Rynek Główny**, den Marktplatz, und in den **Tuchhallen** finden Sie viele Souvenirgeschäfte. Das Zentrum erkunden Sie am besten zu Fuß. Etwas anderen Schmuck und ausgefallene Souvenirs finden Sie in der **ul. Józefa** (Straßenbahn 6, 8: Plac Wolnica) in Kazimierz.

Längst haben die Marken und Ketten, die auch alle anderen Städte der Welt prägen, ihre Niederlassungen und Filialen in Krakau. Dennoch ist Shopping hier noch immer etwas Anderes: In den vielen alten Häusern der Innenstadt finden sich nämlich jede Menge Läden, in denen das Stöbern ganz besonderen Spaß macht.

Die meisten Geschäfte liegen am Marktplatz und am Königsweg, in der ul. Floriańska und der ul. Grodzka. Hier finden Sie alles, was zu einem interessanten Einkaufsbummel dazugehört, von Delikatessläden bis Modeboutiquen, Kunst und Krimskrams, den Sie gut als Souvenir mit nach Hause nehmen können. In Kazimierz dagegen gibt es eher kleine moderne Galerien, Designerschmuckläden

Bild: Pasaż Hetmański

Der Flair eines uralten Handelsplatzes macht das Stöbern und Shoppen auch heute noch zu einem besonderen Krakauer Erlebnis

und einen beliebten Flohmarkt am Sonntag. In Polen gibt es kein Ladenschlussgesetz, daher können Sie sich die ganze Woche über in den Shoppingtrubel stürzen *(allgemeine Öffnungszeiten s. Prakt. Hinweise)*. Und wenn Sie ein besonderes Souvenir kaufen wollen, besuchen Sie eine der Bernsteinschmuckgalerien. Polen ist auch bekannt für gute Schnäpse wie den Wodka *Żubrówka*, *Krupnik (Honiglikör)* oder *Żołądkowa gorzka (Magenbitter)*. Kinder freuen sich über Wawel-Drachen oder traditionelles Holzspielzeug.

BÜCHER

BONA ⭐ ● (110 B5) *(🗺 D6)*

Viel mehr als ein Buchladen! Außer einer großen Auswahl an Postkarten, Bildbänden und gedruckten Führern durch die Stadt (erhältlich auch auf Deutsch) können Sie hier auch guten Kaffee, Tee und Kuchen genießen. Und das sogar an Tischen im Freien – mit einem tollem Blick auf die Peter-und-Paul-Kirche. *Mo–Fr 9–19, Sa 10–15 | ul. Kanonicza 11 | www. bonamedia.pl*

PASAŻ HETMAŃSKI (110 B3) (*m D5*)

In der in einem mittelalterlichen Bürgerhaus gelegenen Passage gibt es neben Mode und Souvenirs vor allem eine reiche Auswahl an Büchern über Krakau, Postkarten und Briefmarken zu entdecken. *Rynek Główny 13*

früherer Gebäude in die neue Konstruktion integriert. Mehr als 100 Geschäfte, Cafés, Restaurants und ein Multiplexkino *Mo–Sa 10–22, So 10–20 Uhr | ul. Podgórska 34 | www.galeriakazimierz.pl | Straßenbahn 9, 11, 13: św. Wawrzyńca, dann zu Fuß 5 Min. an der Weichsel entlang*

In der Galeria Gołogórski gibt es moderne polnische Kunst für das heimische Wohnzimmer

DELIKATESSEN

KREDENS KRAKOWSKI
(110 B4) (*m D5*)

Seit 1906 bekommt man hier Brot, Wurstspezialitäten, Marmelade, Honig, Tee, Kaffee, Süßigkeiten. Alles traditionell verpackt, also auch als Souvenir geeignet. *ul. Grodzka 7 | krakowskikredens.pl*

EINKAUFSZENTREN

GALERIA KAZIMIERZ ●
(115 D–E3) (*m H7*)

Beim Bau des schönsten Einkaufszentrums der Stadt wurden alte Backsteine

GALERIA KRAKOWSKA (111 D1) (*m F3*)

In diesem Einkaufszentrum sind auf rund 36 000 m² mehr als 270 Markengeschäfte aus den Sparten Sport, Mode und Kosmetik versammelt, außerdem Cafés und Restaurants. *Mo–Sa 9–22, So 10–21 Uhr | ul. Pawia 5 | www.galeria-krakowska.pl*

PASAŻ HANDLOWY 13
(110 B3) (*m D5*)

Am Marktplatz entstand auf mehreren Etagen ein exklusives Kaufhaus als gelungene Verbindung von gotischer und Renaissancearchitektur mit einer modernen Konstruktion aus Metall und Glas. In diesem Ambiente sind Firmen wie Benetton, Sisley, Diesel oder Cerutti zu Hause, ebenso wie **INSIDER TIPP** **exklusive Delikatessen aus aller Welt** und eine große Auswahl italienischer Weine. *Rynek Główny 13*

KINDER

INSIDER TIPP **BAJO** ☺ (110 B6) *(🗺 D7)*
Eine Kultadresse für (ökologisches) Holzspielzeug, von winzig kleinen Figuren über Autos bis zu Holzpferden und Puppenwagen. Besonders hübsche Fingerpuppen in wunderschönen Kleidern, gefertigt in Krakau. *ul. Grodzka 60 | bajo.de*

BUKOWSKI (110 B3) *(🗺 D5)*
Ein Paradies für den Nachwuchs: Vom Boden bis zur Decke sitzen in alten Holzschränken 400 kleine und große Plüschteddybären und andere Stofftiere. *Di–Sa 10–19, So/Mo 10–18 Uhr | ul. Sienna 1 | galeriabukowski.pl*

KUNSTGALERIEN

GALERIA GOŁOGÓRSKI
(110 B4) *(🗺 D6)*
Die Galerie des Künstlers Marian Gołogórski bietet moderne polnische Malerei und Skulpturen aus Metall, Stein, Glas. *ul. Grodzka 29 | gologorskigallery. blogspot.com*

JAN FEJKIEL GALLERY (110 B5) *(🗺 D7)*
Hier finden Sie die größte Auswahl der Stadt an polnischer moderner Grafik und Zeichnung. Die Galerie unterstützt besonders junge Krakauer Künstler und organisiert viele Ausstellungen. *Mo–Fr 11–18, Sa 11–15 Uhr | ul. Grodzka 65 | www. fejkielgallery.com*

SOPOCKI DOM AUKCYJNY
(110 B3) *(🗺 D4)*
Antiquitäten, Porzellan, Schmuck. Besonders interessant ist das Angebot an

alter polnischer Malerei. *Rynek Główny 45 | www.sda.pl*

SZALOM (114 B3) *(🗺 F8)*
Erste Galerie in Kazimierz. Moderne polnische und israelische Künstler, Keramik und interessanter Schmuck. *ul. Józefa 16*

MODE

OUTLET (109 E5) *(🗺 D5)*
Markenkleidung, Schuhe, Taschen und Unterwäsche von Firmen wie Mango, Esprit, Hugo Boss oder Palmers bis zu 70 Prozent reduziert. *ul. sw. Anny (Eingang von der ul. Wiślna)*

SIMPLE ★ (110 B4) *(🗺 D5)*
Zwei polnische Designer verkaufen Damenklassik mit moderner Note, schöne

---

MARCO POLO HIGHLIGHTS

★ **Bona**
Spezielle Adresse für Bücher- und Kaffeeliebhaber. Wunderschöne Bildbände zu Krakau und Polen → S. 61

★ **Simple**
Mode modern und klassisch, individuell designt und in ganz kleinen Stückzahlen produziert – eine Garantie, dass nur Sie so ein Kleid haben! → S. 63

★ **Ambra Stile**
Besonderer Schmuck nicht nur aus Bernstein. Mit ein bisschen Glück und Stöbern bekommen Sie sogar Einzelstücke → S. 64

★ **Wedel**
Handgemachte Pralinen, Trinkschokolade und beste Desserts – einfach ein Genuss! → S. 65

Sommer- und Abendkleider und klassische Kostüme. Sehr exklusiv: Pro Modell gibt es nur zwei oder drei Exemplare. *ul. Grodzka 18 | www.simple-cp.com*

SCHMUCK

A&S

Hier finden Sie Bernstein in allen möglichen Ausführungen, als Schmuck, Löffel, Schachspiel, Manschettenknöpfe. Im

BLAZKO JEWELLERY (114 B3) *(⚹ F8)*

Das äußerst ansprechende Markenzeichen der Galerie von Grzegorz Błażko ist schwarz-weiß verzierter Silberschmuck *ul. Józefa 11 | www.blazko.pl*

SCHUHE & TASCHEN

DE MEHLEM (110 B4) *(⚹ D6)*

Seit 1912 verkauft der Laden handgemachte Taschen und Lederkleidung

Dass fossiles Harz so schön sein kann: Bernsteinschmuck, so weit das Auge reicht

Sortiment ist nur echter Naturbernstein mit Zertifikat. Ein besonderes Mitbringsel ist der Schmuck aus `INSIDER TIPP` gestreiftem Feuerstein aus Sandomierz. *ul. Sienna 1* (110 C3) *(⚹ D5) | ul. Grodzka 29* (110 B4) *(⚹ D6)*

AMBRA STILE ★ (110 B5) *(⚹ D6)*

Italienischer Silberschmuck mit Halbedelsteinen, auch Silberschmuck mit Bernstein und selbst gefertigte Einzelstücke – von Manschettenknöpfen bis kleinen Ameisen oder Eidechsen mit Bernsteinkörper. *Mo–Sa 11–20 Uhr | ul. Grodzka 45 | www.ambrastile.krakow.pl*

Auch Taschen der polnischen Firma Batycki mit Bernsteinapplikationen finden sich im Angebot. *ul. Grodzka 43 | www.demehlem.com*

GINO ROSSI (110 B3) *(⚹ D4)*

Trendige Schuhe und Taschen aus bestem Leder im italienischen Stil für die ganze Familie. *Mehrere Filialen, z. B. ul. Szewska 4 | www.gino-rossi.com*

WITTCHEN (115 E3) *(⚹ H7)*

Ledertaschen, Etuis, Handschuhe, Reisegepäck, Jacken und Schirme. *ul. Podgórska 34 | Gal. Kazimierz | www.wittchen.com*

SOUVENIRS

BROKAT (110 B3) (*D5*)
Besonderes aus Stoff: Engel, Puppen, handgemachte Kissen und Teekannenwärmer. Auch viele Stücke von Studenten der Krakauer Kunsthochschule. *Rynek Główny*

GALERIA (110 B5) (*D7*)
Kleine Souvenirs aus Glas, Keramik, Ton und Holz, das meiste handgemacht von Krakauer Künstlern. Besonders interessant sind handbemalte Möbel. *ul. Grodzka 60*

GALERIA D'ART NAIV (114 B3) (*F8*)
Traditionelle naive Kunst wie Glasmalerei, Holzskulpturen und Malerei. Der Besitzer ist der größte Sammler dieser Kunst in Polen. *ul. Józefa 11*

SUKIENNICE (TUCHHALLEN)
(110 B3) (*D5*)
Die größte Auswahl an Andenken aus Krakau. Schmuck, Holzerzeugnisse, Ledertaschen, Trachten, Keramik und Glas. *Rynek Główny 2*

SPIRITUOSEN

37 (110 B3) (*D5*)
Hier bekommen Sie nicht nur Spirituosen, sondern auch Süßigkeiten, Zigaretten und Zigarren. *Rynek Główny 7*

ZAMBELAN (110 B4) (*D5*)
Zum gut sortierten Angebot gehören Liköre und Wodkas, aber auch Essig und Olivenöl in riesigen Glasflaschen. Die Spirituosen kann man vor Ort probieren und sich die gewünschte Menge abfüllen lassen. Probieren Sie auch den Rosender Orange-Schokoladen-Likör. *Mo–Sa 10–20, So 11–18 Uhr | ul. Gołębia 2 | www.zambelan.pl*

SÜSSIGKEITEN

TORUŃSKIE PIERNIKI (110 B4) (*D5*)
Die berühmten Pfefferkuchen aus Thorn in Schokolade oder mit buntem Zuckerguss, in verschiedenen Farben und Größen. *ul. Grodzka 14*

WAWEL (110 B3) (*D5*)
Schokolade und eine große Auswahl an Pralinen. Spezialität: *śliwki w czekoladzie* – Pflaume in Schokolade. *Rynek Główny 32*

WEDEL ★ (110 B3) (*D4*)
Das Muttergeschaft dieser Konditorei verkauft in Warschau schon seit 1851 handgemachte Pralinen, Schokolade und Bonbons. Spezialität: *torcik wedlowski* (Waffeln mit Schoko- und Nusscremeschichten als Torte) oder *ptasie mleczko* (Pralinen aus Milchschokolade, gefüllt mit Sahnecreme). Probieren können Sie die Köstlichkeiten nebenan im Café. *Tgl. 9–22 Uhr | Rynek Główny 46 | wedelpijalnie.pl*

LOW BUDGET

▶ Jeden Sonntag findet im Stadtteil *Grzegórzki* ein Flohmarkt statt (wochentags ein Lebensmittelmarkt). Hier finden Sie alles mögliche zu fairen Preisen, von alten Radios bis zu Meissner Porzellan. *ul. Grzegórzecka | Straßenbahnlinie 1: Hala Targowa.*

▶ Das *Reserved* verkauft junge Mode für sie und ihn, dazu preisgünstige Taschen, Schuhe und Modeschmuck. Mehrmals im Jahr ist Ausverkauf mit bis zu 70 Prozent Preisnachlass. *Mo–Fr 10–20, Sa 10–19, So 10–17 Uhr | ul. Floriańska 43 | www.reserved.com*

AM ABEND

CITY **WOHIN ZUERST?**

In Krakau blüht das Nachtleben besonders an zwei Plätzen: Rund um den **Rynek Główny** gibt es die besten Jazzlokale in schönen mittelalterlichen Kellern, dazu moderne Clubs und Pubs. Sie liegen fast alle in der Fußgängerzone. In **Kazimierz** wird in der **ul. Szeroka** in den jüdischen Lokalen Klezmermusik gespielt. Der **Plac Nowy** ist der Treffpunkt für junge Leute, die hier in den Pubs und direkt auf der Straße feiern. Um mitten im Kazimierzer Nachtleben anzukommen, nehmen Sie die Straßenbahn der Linie 13 (ul. Miodowa).

Oper oder Theater, Jazz oder Klezmer, Kino, Konzert oder Club: Es gibt wenige Städte, in denen das Nachtleben so bunt und spannend ist wie in Krakau – und sich dabei seine ganz eigene Atmosphäre bewahrt hat.

Die Krakauer Philharmonie, die vielen Theater und die Opernbühne garantieren Unterhaltung auf hohem Niveau. Ebenso wie die klassischen Events unter freiem Himmel oder an besonderen Orten: der Arkadeninnenhof des Wawel-Schlosses etwa oder die vielen Krakauer Kirchen mit ihren geistigen und weltlichen Konzerten. In den Kirchen ist übrigens meist keine Heizung, nehmen Sie deswegen auch im Sommer immer einen dünnen Pullover mit. Krakau ist aber vor allem auch bekannt für seine Jazzkonzerte

Bild: Café im Pod Baranami

Ob Klassik oder Disko, Jazz oder Klezmer, unter freiem Himmel oder in gotischen Kellern: Krakau schläft nur kurz

Der Ausnahmegeiger Nigel Kennedy etwa lebt genau deswegen hier und tritt neben seinen regulären Konzerten in der Philharmonie – oft in Jazzclubs auf. Viele Pubs und Clubs sind nicht nur Musiklokale, sondern auch Restaurants, in manchen können Sie auch tanzen, die Trennlinien sind fließend. Die meisten Pubs liegen unter der Erde in schön renovierten Kellern, viele verfügen auch über einen Innenhof oder Garten.

Die trendigsten und jüngsten Clubs finden Sie in Kazimierz: Die ganze Gegend rund um den Plac Nowy ist voll von Cafés, Clubs und Pubs in alten, oft noch nicht vollständig renovierten Wohnhäusern und Kellern. Unterschiedliche Tische, alte Sofas, Kinosessel oder Schulbänke – das Kazimierz-Klima mit seiner guten Musik und dem jungen Publikum garantiert jede Menge Spaß bis in die frühen Morgenstunden. Und dazu kommt noch der allgegenwärtige künstlerische Hauch: Viele Locations zeigen Ausstellungen junger Künstler oder moderne Theater- und Kabarettaufführungen.

Im Showtime, dem größten Musikclub der Stadt, gehören Livekonzerte zum guten Ton

In den Nachtschwärmer-Adressen im Zentrum geht es meist gesitteter zu als im Trendviertel Kazimierz, wo das Nachtleben bunter und chaotischer in Richtung Morgen tobt. In der Altstadt kann es Ihnen daher auch passieren, dass Sie nach dem Ausweis gefragt werden oder am Türsteher scheitern, weil Sie nicht passend gekleidet sind.

Die meisten Clubs und Kneipen sind am besten zu Fuß zu erreichen und liegen in der Gegend rund um den Rynek Główny. Frauen zahlen meist keinen Eintritt, Männer müssen mit einem Obolus von 20–30 Pln rechnen. Spät in der Nacht (ab 1 Uhr) kommen meist alle kostenlos in die Clubs. Wenn Sie abends losziehen, sollten Sie nur das Nötigste an Geld und Wertsachen mitnehmen, denn in den meisten Lokalen ist am Wochenende sehr viel los und enstprechendes Gedränge. In wenigen Clubs liegt die Altersgrenze bei 21 Jahren, in allen Locations aber gilt: Alkohol und Zigaretten erst ab 18! In Krakau gibt es übrigens auch eine Menge schöner, kleiner Kinos, in denen alle Filme im Original mit polnischen Untertiteln laufen.

CLUBS & DISKOS

PROZAK (110 B–C4) (*M D5*)

Eine typische Disko im Keller, mit dre Dancefloors, vier Bars und rot-blauen Neonlicht. Die Location ist sehr belieb beim jungen Publikum, das zur Musi der ausnehmend guten DJs tanzt: Fun Disco, Elektro, House. *Tgl. ab 18 Uhr | p Dominkański 6 | www.prozak.pl*

PRZYCHODNIA TOWARZYSKA
(110 C2) (*M E4*)

Hier wird nicht nur auf den drei Floor getanzt, sondern auch auf der unen lich langen Theke der Bar, die mit ihre 88 Schubladen aussieht wie ein Apo thekerschrank. Der Name des Lokal bedeutet auf Deutsch „Gesellschaft rettungsdienst", der Spezialdrink heiß *Antidotum* und soll gegen Langeweil helfen. Diesen Zweck erfüllen auch di Themenpartys wie z. B. die Ibiza-Part zu der Nachtschärmer in Badeanzüge gern gesehen sind. Der Türsteher achte auf anständige Kleidung der Gäste. *Mo Sa ab 18 Uhr | ul. Floriańska 53 | www przychodnia-towarzyska.pl*

kleiden, sonst scheitern Sie womöglich am Türsteher! *Tgl. ab 18 Uhr | ul. Grodzka 34 | www.reaktywacja.com.pl*

ROENTGEN (110 B2) (*D4*)
Ganz einfache Ausstattung, aber gute Musik *(Do–Sa)* von den besten DJs: House, Minimal oder Drum 'n' Bass. Eintritt ab 21 Jahren. *Tgl. ab 15 Uhr | pl. Szczepański 3*

SHOWTIME (110 B3) (*D5*)
Mit 300 Plätzen ist das Showtime der größte Musik- und Tanzclub der Stadt. **INSIDER TIPP** Toller Blick zu den Tuchhallen. Im ersten Raum befindet sich ein kleiner Pub, in den drei großen Räumen gibt es entweder Livekonzerte *(ab 21.30 Uhr)* oder es wird zur Musik aus der Konserve getanzt: Pop, Rock, Funk. *Tgl. 18–4 Uhr | Rynek Główny 28*

STALOWE MAGNOLIE (110 C2) (*D4*)
Gute Drinks und der Charakter eines Insidermusikclubs: Um reingelassen zu werden, müssen Sie klingeln. Drinnen

REAKTYWACJA (110 B4) (*D6*)
Tanz- und Musikclub im Keller und im ersten Stock. Jeden Tag wird hier gechillt, aber auch zu House und Techno getanzt, dazu gibt's Events wie Karaoke oder Reggae Night. Montags und mittwochs kostet zur Happy Hour *(16–18 Uhr)* ein großes Bier nur 3 Pln. Nicht zu sportlich

---

⭐ **Harris Piano Jazz Bar**
Jazz ist Jazz ist Jazz: Auf der Bühne eines der beliebtesten Clubs der Stadt geben sich gleich mehrmals die Woche Musiker aller Stilrichtungen des Jazz die Ehre → **S. 70**

⭐ **Piano Rouge**
Nicht nur das Interieur gibt sich luxuriös, komplett mit rotem Teppich. Auch der Jazz und die indische Küche sind vom Allerfeinsten → **S. 70**

⭐ **Baraka**
Starten Sie im Innern dieses Raumschiffs (und mit einem Drink in der Hand) in die Zukunft → **S. 72**

⭐ **Alchemia**
Krakauer Kultlocation im Epizentrum des quirligen Nachtlebens von Kasimiierz: ein ausgestopftes Krokodil über der Bar, kein elektrisches Licht, altes Mobiliar, unverputzte Wände und ein traumhafter Apfelkuchen! → **S. 72**

⭐ **Filharmonia Krakowska im. Karola Szymanowskiego**
Symphonien, Orgel- oder Jazzkonzerte: Eines der besten Orchester des Landes, benannt nach dem 1937 verstorbenen Komponisten Karol Szymanowski, beherrscht virtuos alle Spielarten der Musik → **S. 73**

MARCO POLO HIGHLIGHTS

herrscht Fin-de-Siècle-Atmosphäre mit gedämpftem Licht, gemütlichen Sofas und Baldachinbetten zum Sitzen. Freitag und Samstag wird getanzt, in der Woche und am Sonntag Konzerte *(ab 22 Uhr)*. Gehobenes Publikum. *Tgl. ab 18 Uhr | ul. šw. Jana 15 | www.stalowemagnolie.com*

zerte statt *(ab 21 Uhr)*: Dienstags ist traditioneller Jazz angesagt, donnerstags Jam Session, freitags Blues und am Samstag dann Konzerte internationaler Berühmtheiten der Jazzszene. Gute Drinks und eine große Auswahl an Bier werden an einer der längsten Bars der Stadt ausge-

Jazz, Jazz und nochmals Jazz: In Harris Piano Jazz Bar schallt nichts anderes aus den Boxen

VOODOO MUSIC CLUB
(110 C3) *(ω E4)*

Ein Club mit futuristischer Ausstattung in den alten gotischen Kellerräumen: Die Glaswände sind violett beleuchtet, sitzen können Sie auf große Ledersofas. Den Dancefloor beschallen DJs mit Disco, Funk und Pop. *Tgl. ab 18, Happy Hour 18–20 Uhr | ul. Floriańska 6*

JAZZ

HARRIS PIANO JAZZ BAR ★ ●
(110 B3) *(ω D4)*

Wer hier vorbeischaut, ist in einem der populärsten Jazzclubs der Stadt gelandet. Mehrmals in der Woche finden Livekon-

schenkt. *Tgl. 21–2 Uhr | Rynek Główny 28 www.harris.krakow.pl*

INDIGO (110 C2) *(ω E4)*

Jazzlokal in Kellerräumen für gehobenes Publikum. An den Wänden hängen Schwarz-Weiß-Fotos, große Holzbar, sehr lange Drinkliste. Auf der Konzertbühne im großen Raum gibt's ab 21 Uhr Livejazz und Rockkonzerte. Im Raum nebenan ein riesiger Bildschirm, auf dem Fußballübertragungen zu sehen sind. *Mo–Fr ab 14, Sa/So ab 16 Uhr | ul. Floriańska 26*

PIANO ROUGE ★ (110 B3) *(ω D5)*
Dieser Jazzclub bietet seinen Gästen eine Luxusausstattung mit roten Teppiche

Lüstern und gemütlichen Sofas. Hier wird nicht nur guter Livejazz *(ab 21 oder 22 Uhr)* gespielt, Sie können auch etwaig auftretende Hungergefühle bekämpfen: Es werden abwechslungsreiche Spezialitäten aus der indischen und polnischen Küche serviert. *Tgl. ab 11 Uhr | Rynek Główny 46 | www.thepianorouge.com*

PIEC ART (110 B3) *(* D4)

In diesem wunderbar renovierten gotischen Keller können Sie jeden Mittwoch und Donnerstag ab 20.30 Uhr Jazzkonzerte hören und dabei Gutes essen und trinken. Spezialität: Fischsuppe, außerdem eine lange Liste von Drinks und Cocktails. Die Bar wurde in einen großen, teilweise mit Kacheln ausgelegten Ofen hineingebaut, daher der Name *piec* (Ofen). Große polnische Jazzmusiker geben sich die Ehre und wechseln sich mit Stars internationalen Formats ab. Eintritt ab 21 Jahren. *Tgl. ab 15 Uhr | ul. Szewska 21 | www.piecart.pl*

KINOS

ARS ● (110 B2) *(* D4)

Fünf Kinoräume unter einem Dach, darunter **INSIDER TIPP** ein Kinocafé *(kiniaria)*, wo Sie während des Films an einer Bar Getränke bestellen können. Besonders eindrucksvoll: das *Reduta*, ein alter Ballsaal. Die Filme werden im Original gezeigt. *ul. św. Jana 6 | www.ars.pl*

POD BARANAMI (110 B3) *(* D5)

Die drei klimatisierten Kinoräume befinden sich in einem ehemaligen Palast direkt am Marktplatz. Mehrmals im Jahr gehören **INSIDER TIPP** thematische Programme zum speziellen Angebot des Kinos, z. B. eine Woche des spanischen oder des afrikanischen Kinos, der Schwerpunkt liegt auf europäischem Kino. Im ersten Stock befindet sich ein kleines Café. Die Filme laufen in der Originalsprache. *Rynek Główny 27 (Pałac Pod Baranami) | www.kinopodbaranami.pl*

ENTSPANNEN & GENIESSEN

Städtereisen können durchaus anstrengend sein, daher sind regelmäßige Pausen angebracht. Eine *Tour auf der Weichsel im Paddelboot (Mai–Mitte Sept. tgl. 10 Uhr bis zur Dunkelheit | 20–30 Pln/Stunde | ul. Kościuszki 16)* **(112 B2)** *(* B7)* etwa hat gleich zwei wunderbare Effekte: Sie sehen Krakau aus einer völlig neuen Perspektive – und können sich auf dem Wasser an einem warmen Sonnentag so richtig entspannen.

Entspannung ist auch in ● *Kryspinów (Eintritt 7 Pln, Parkplatz 5 Pln | www. kryspinow.com.pl | Bus 209: Kryspinów Galew)* **(117 D4)** *(* 0)* angesagt. 18 km

westlich von Krakau an der A4 warten im Grünen eine Handvoll künstlicher Seen zum Baden, Paddeln, Plantschen oder Windsurfen.

Und eine echte Wellnessadresse schließlich ist das ● *Farmona Wellness & Spa (Mo 14–21, Di–Fr 10–21, Sa/So 9–22 Uhr | ul. Jugowicka 10c | Tel. 01 22 52 70 20 | www.spakrakow.pl | Bus 244: Jugowicka)* **(117 E5)** *(* 0)* im gleichnamigen Hotel: Ob alleine oder zu zweit, hier können Sie sich nach einem langen Tag bei Wellnessanwendungen aus Bali und Hawaii verwöhnen lassen: Massagen mit heißen Steinen und duftenden Ölen, dazu aromatische Bäder.

KNEIPEN & PUBS

ALCHEMIA ⭐ (114 B3) (*m F8*)

Kultpub in Kazimierz: Über der Bar hängt ein ausgestopftes Krokodil und in den nächsten Raum gelangen Sie durch einen Schrank. Drinnen gibt es kein elektrisches Licht, nur Kerzen, die Wände sind unverputzt, man sitzt an alten Tischen und auf wackligen Stühlen. Dafür aber

CHILL OUT CLUB ● (110 C2) (*m E4*)

Ein idealer Platz, wenn Sie sich am Nachmittag oder am Abend bei guter – nicht zu lauter – Musik entspannen wollen. Gute Drinks und Kleinigkeiten zum Essen gehören zum Angebot, von Zeit zu Zeit finden Events wie etwa die Winterdisko (eine ausgelassenen Party im winterlichen Innenhof) statt. Im Innenhof laden im Sommer gemütliche Sofas und eine

Zeitreise in die 1960er und 1970er: anheimelndes Retroambiente im Club Miejsce

sind die Drinks gut und der Apfelkuchen sensationell. Im Keller finden Konzerte und Aufführungen modernen Theaters statt. Wenn Sie draußen sitzen, dann befinden Sie sich mitten im Herzen des jungen Kazimierz mit seinen unzähligen Kneipen und können das Treiben auf dem Plac Nowy beobachten. *Tgl. ab 10 Uhr | ul. Estery 5 | www.alchemia.com.pl*

BARAKA ⭐ (114 B3) (*m F8*)

Hier fühlt man sich wie in einem Laboratorium aus der Zukunft oder in einem Raumschiff: viel Metall, rote Sessel und Stühle, blau und rot beleuchtete Bar. Im zweiten Stock ab 17 Uhr auch Ausstellungen junger Krakauer Künstler. *Tgl. ab 10 Uhr | Ecke pl. Nowy/ul. Warszauera*

Schaukel zum Relaxen ein. *Tgl. ab 12 Uhr | ul. św. Jana 15*

MIEJSCE (114 B3) (*m F8*)

Speziell ist die Ausstattung in dieser Location, die dem Flair und der Atmosphäre der 1960er- und 70er-Jahre huldigt. An den Wänden hängen Originalplakate aus dieser Zeit, die jeden Monat ausgewechselt werden. Außer alkoholischen Getränken finden sich auch **INSIDER TIPP** ▶ ganz unglaubliche Drinkkreationen auf der Karte, etwa Limonade mit Petersiliengeschmack. *Tgl. 10–22 Uhr | ul. Estery 1*

PAPARAZZI (110 C3) (*m E5*)

Der Name ist Programm: An den Wänden und Decken finden sich Zeitung ausschnitte und Fotos von Models und Schauspielern aus der ganzen Welt, in einem der Räume läuft nonstop „fashion tv". Zwischen 12 und 17 Uhr *lunch time*. Große Auswahl an Drinks zum kleinen Preis. *Mo–Fr 11–1, Sa/So 16–1 Uhr, Mo–Fr 16–20 Uhr Happy Hour | ul. Mikołajska 9 | www.paparazzi.com.pl*

PROPAGANDA (114 B2) (*ℳ E7*)

Hier herrscht kommunistische Atmosphäre. Lenin grüßt von den Plakaten an den Wänden, die teilweise mit Toilettenpapier ausgekleidet sind. Viele gute Drinks, darunter auch **INSIDER TIPP ▶** die Spezialität: *wściekły pies*, eiskalter Trinkspiritus mit Tabasco und Himbeersaft. *Tgl. ab 12 Uhr | ul. Miodowa 20*

SINGER (114 B3) (*ℳ F8*)

Nomen est omen: Im ältesten Pub in Kazimierz wurden alte Singer-Nähmaschinen in Tische umgewandelt. Sie können auch unter freiem Himmel sitzen, große Auswahl an Alkoholika, auch Kaffee und Kuchen. *Tgl. ab 10 Uhr | Ecke ul. Izaaka/ Estery*

WARSZTAT (114 B3) (*ℳ F8*)

Eine Mischung aus Café und Pub. Eindruck macht vor allem die Ausstattung, die geprägt ist von alten Musikinstrumenten: In die Bar wurde ein altes Piano senkrecht einmontiert. Ein Treffpunkt für schräge Szenegänger in Kazimierz. Vom Band läuft ruhige Musik: Blues, Jazz oder Klezmer. Das Bier wird in riesigen Krügen ausgeschenkt. *Tgl. ab 10 Uhr | ul. Izaaka 3*

OPER & KLASSIK

FILHARMONIA KRAKOWSKA IM. KAROLA SZYMANOWSKIEGO ⭐
(110 A4) (*ℳ C5*)

Die Krakauer Philharmonie entstand 1909, seit 1930 residiert sie im neobaro-

cken Gebäude. Das Krakauer Symphonieorchester und die Philharmonie gehören zu den besten Orchestern des Landes. Es werden klassische Symphonien, Orgelaber auch moderne Jazzkonzerte oder Konzerte im Rahmen von verschiedenen Festivals (z. B. zu Ostern das *Warschauer Beethovenfestival*) gegeben. Programm auf Englisch.

Die Philharmonie organisiert auch die *Wieczory wawelskie*, die Wawel-Abende, bei denen **INSIDER TIPP** Kammermusik im Schloss oder im Arkadeninnenhof auf dem Programm steht. *Kasse: Di–Fr 11–14 und 15–17 Uhr, Sa/So eine Stunde vor dem Konzert | ul. Zwierzyniecka 1 | www. filharmonia.krakow.pl*

OPERA KRAKOWSKA (111 F1) (*ℳ H3*)

Hier werden polnische und internationale Opern klassisch und modern inszeniert. Interessant ist auch das beliebte **INSIDER TIPP** Sommerfestival, die Stücke werden dann sowohl in der Oper wie auch im Arkadenhof des Wawel-Schlosses gegeben. Neues Programm auf Deutsch erhältlich. *Kasse: Mo–Fr 10–19, Sa 12–19 Uhr, So zwei Stunden vor der Aufführung | fünf Preiskategorien zwischen 30 und 120 Pln | ul. Lubicz 48 | www.opera.krakow.pl*

LOW BUDG€T

▶ In den meisten *Krakauer Lokalen* müssen Frauen keinen oder weniger Eintritt als männliche Gäste zahlen, ● nachts ist es meist für alle gratis.

▶ In vielen Pubs und Clubs gibt es die *Happy-Hour-Tage* (oft am Montag), an denen das Bier ganz besonders preisgünstig ist.

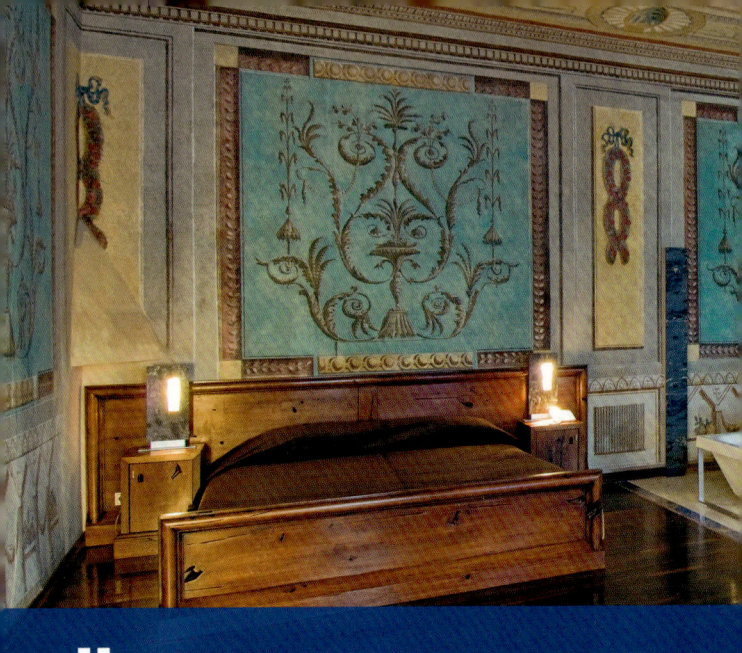

ÜBERNACHTEN

In Krakau finden Sie Hotels fast aller international bekannten Ketten, aber auch ganz einmalig und individuell eingerichtete Häuser, in denen der Aufenthalt an der Weichsel zum besonderen Erlebnis wird.

Die besten Hotels stehen direkt im Zentrum in der Fußgängerzone und sind meist in alten gotischen oder Renaissance-Bürgerhäusern und Palästen untergebracht. Diese Herbergen haben ihre eigene Geschichte, die sie mit alten bemalten Holzdecken, gotischen Portalen und Fresken an den Wänden erzählen. All das ist verbunden mit Komfort und moderner Technik – der Standard bei diesen Häusern. Auch viele Hotels der mittleren Klasse liegen in der Innenstadt, oft in direkter Nachbarschaft der

Luxusherbergen. Hier ist ebenfalls Komfort garantiert, die Zimmer sind gut ausgestattet. Ob es sich nun um ganz neue Objekte handelt, die erst seit ein paar Jahren in Betrieb sind, oder um Häuser die gerade frisch renoviert wurden: Die Krakauer Hotelllerie hat längst internationales Niveau.

Auch Kazimierz ist reich an Hotels der mittleren Kategorie, hier finden Sie allerdings auch eine große Auswahl an Hostels und Privatunterkünften. Denn gerade in Krakau bieten von Familien geführte Pensionen nette Atmosphäre, wenn sie auch vielleicht nicht immer den höchsten Standards genügen. Die günstigsten Hotels dagegen, meist in Gebäuden aus den 1960er- und 1970er Jahren, liegen oft in größerer Entfernung

Stilvolle Luxustempel, gotische Bürgerhäuser, moderne Familienhotels oder gemütliche Gästezimmer – so viel Auswahl ist selten!

vom Zentrum. Daher empfiehlt es sich, eher ein besseres Hostel oder Gästezimmer in zentraler Lage zu nehmen, wo Sie sich beispielsweise das Frühstück selbst zubereiten, als in einem Zwei- oder Ein-Sterne-Hotel außerhalb der Innenstadt zu wohnen.

Egal, welches Hotel Sie wählen: Erkundigen Sie sich immer nach Sonderangeboten, denn oft sinkt der Preis, wenn Sie mehrere Nächte bleiben. Außerdem gibt es Wochenendtarife und Familienangebote oder es sind zusätzliche Leistungen im Übernachtunsgpreis enthalten wie etwa Stadtführungen oder Museumstickets. Ein Blick ins Internet lohnt sich: Bei Onlinebuchungen sind manchmal Rabatte von bis zu 30 Prozent möglich. Von Ostern bis Ende Oktober ist Hochsaison, in der Nachsaison fallen die Preise zum Teil um die Hälfte. Unter *www.booking.com* oder *www.venere.com* können Sie Schnäppchen auch in Luxushotels machen. Hotel- und Apartmentsuche unter *www.krakow-hotel-guide.com* oder *www.krakow-apartments.com*.

HOTELS €€€

HOTEL COPERNICUS ☆
(110 B5) (*D6*)
Sie wünschen sich ein Zimmer mit Blick aufs Schloss in einem denkmalgeschützten Haus aus dem 16. Jh.? Dann sind Sie

HOTEL GRÓDEK (110 C3) (*E5*)
Ein Hotel in einem gotischen Haus im Herzen der Stadt, aber sehr ruhig gelegen. Jeder Raum ist unterschiedlich gestaltet, der gotische Kirchenfußboden an der Rezeption wurde während der Renovierung gerettet und hier einmontiert

Die Schönheiten Krakaus immer vor Augen: Dachterrasse des Hotel Copernicus

hier richtig. Das Hotel wurde mit Liebe zum Detail renoviert: Jedes Zimmer ist anders eingerichtet, zum Teil sind die Wandmalereien aus der Zeit der Gotik und Renaissance wieder ans Licht geholt worden. Das Haus liegt sehr ruhig, **INSIDER TIPP** am schönsten sind die Zimmer mit Blick zur ul. Kanonicza, die anderen gehen auf den Innenhof. Schöne Aussicht von der Dachterrasse. Wenn Sie übers Internet buchen, bekommen Sie bis zu 30 Prozent Rabatt. Der Name des Hotels kommt übrigens nicht von ungefähr: Kopernikus soll hier übernachtet haben, wenn er Krakau besuchte. *29 Zi. | ul. Kanonicza 16 | Tel. 012 42 43 400 | www.copernicus.hotel.com.pl*

Im netten Restaurant haben Sie einen schönen Blick auf die Altstadt, die Bibliothek ist sehr gut ausgestattet. Die Relikte, die während der Renovierung gefunden wurden, sind im **INSIDER TIPP** einzigen privaten archäologischen Museum im Land im Hotel ausgestellt. *24 Zi. | ul. Na Gródku 4 | Tel. 012 431 90 30 | www. donimirski.com*

OSTOYA PALACE (108 C6) (*B5*)
Das stilvolle und mit antiken Möbeln eingerichtete Hotel befindet sich im renovierten und unter Denkmalschutz stehenden Ostaszewski-Palast von 1895. Gebaut wurde er von Józef Pokutyński, einem der besten Architekten der Stadt. Viele

Details wurden erhalten, z. B. Wandmalereien oder Stuck. Falls Sie ein großes Bett haben wollen (200 x 200 cm), dann mieten Sie eine der Suiten. *24 Zi. | ul. Józefa Piłsudskiego 24 | Tel. 01 24 30 90 00 | www.ostoyapalace.pl*

PAŁAC BONEROWSKI ⭐
(110 B3) (*♲ D4*)

Luxuszimmer und Apartments in einem Schloss aus dem 16. Jh. in bester Lage direkt am Marktplatz. Viele Details wie Portale, Holzdecken und Wandmalereien sind erhalten. Im Haus befinden sich zwei Restaurants: *Pod Winogronami* mit französischer und italienischer Küche und das japanische *Megami* im obersten Stock mit Glasdach. **INSIDER TIPP** Am Abend Chopinkonzerte, denen nicht nur Hotelgäste lauschen dürfen. *14 Zi. | ul. św. Jana 1 | Tel. 01 23 74 13 00 | www.palacbonerowski.pl*

HOTEL POD RÓŻĄ ⭐ (110 C2) (*♲ E4*)

Das älteste Hotel Krakaus: Hier übernachtete schon Honoré de Balzac. In einem Bürgerhaus aus dem 15. Jh. direkt am Königsweg wurde die alte Architektur mit dem Luxus und dem Komfort des 21. Jhs. verbunden. Gutes Restaurant mit einem großen Weinkeller im Haus. *54 Zi. | ul. Floriańska 14 | Tel. 01 24 24 33 81 | www.hotel.com.pl*

HOTELS €€

HOTEL ALEF (114 A3) (*♲ E8*)

Das Hotel in Kazimierz verfügt über 35 gemütliche, eher einfach eingerichtete Zimmer. Die Attraktion ist das Treppenhaus, denn die Besitzer haben hier eine Kunstgalerie eingerichtet. Im Haus gibt es auch ein Restaurant, das Gerichte aus der traditionellen jüdischen Küche serviert. *ul. św. Agnieszki 5 | Tel. 01 24 24 31 31 | www.alef.pl*

ATRIUM HOTEL (110 C1) (*♲ E3*)

Vor wenigen Jahren komplett renoviertes, modernes Hotel, zentral gelegen. Die Zimmer sind einfach eingerichtet, zwei Apartments mit Kochnischen ausgestattet. *50 Zi. | ul. Krzywa 7 | Tel. 01 24 30 02 03 | www.hotelatrium.com.pl*

APARTAMENTY BRACKA 6
(110 B4) (*♲ D5*)

In einem 500 Jahre alten Bürgerhaus in bester Lage stehen Ihnen Apartments und Studios zur Verfügung, die bis ins kleinste Detail mit Liebe renoviert wurden. Ausgestattet wurden sie mit Parkett, Klimaanlage, teilweise auch mit Balkon. In den Zimmern befinden sich kleine Kochnischen, außerdem kabelloser Inter-

---

⭐ Pałac Bonerowski
Was will man mehr: in einem Schloss mit Blick auf die Marienkirche wohnen und unter einem Glasdach japanische Köstlichkeiten essen → S. 77

⭐ Hotel Pod Różą
Im gleichen Bett wie Balzac schlafen? Im ältesten Hotel Krakaus ist alles möglich – hier ist jede Nacht besonders → S. 77

⭐ Pension Trecius
Wo der Teufel schon zu Gast war: In dieser Pension übernachten Sie preisgünstig, zentral und mit einer Spur wohligen Grusels → S. 81

⭐ Hotel Stary
Das schönste Hotel Europas bietet von seiner Dachterrasse auch den schönsten Blick auf die Stadt → S. 78

MARCO POLO HIGHLIGHTS

netzgang. *8 Ap. | ul. Bracka 6 | Tel. 0608 00 06 09 | www.bracka6.pl*

ELEKTOR HOTEL (110 C2) (*ΩΩ E4*)

Stilvoll eingerichtete Zimmer in einem alten Bürgerhaus im Herzen der Altstadt. Die vielen Sonderangebote und arrangements gehören zur Politik des Hauses, z. B. ist das zweite Zimmer für 1 Pln zu haben oder die dritte Nacht ist umsonst. In den sehr geräumigen Apartments wohnten schon viele gekrönte Häupter. *15 Zi. | ul. Szpitalna 28 | Tel. 0124 23 23 17 | www.hotelelektor.com.pl*

HOTEL ESTER (114 C3) (*ΩΩ F8*)

Das Hotel liegt Im Herzen von Kazimierz, mit Blick auf die alten Synagogen. Die Zimmer sind sehr geschmackvoll mit antik stilisierten Möbeln eingerichtet. 15

Zi. *| ul. Szeroka 20 | Tel. 0124 26 11 88 www.hotel-ester.krakow.pl*

HOTEL FLORYAN (110 C2) (*ΩΩ E4*)

Das Bürgerhaus aus dem 16. Jh. ist eher modern und nicht besonders aufwendig verfügt aber über ordentlich eingerichte te Zimmer in bester Lage. Bei den Mahl zeiten im *Vesuvius-Restaurant* bekom men Hotelgäste 10 Prozent Rabatt. *35 Zi. | ul. Floriańska 38 | Tel. 0124 311418 www.floryan.com.pl*

HOTEL MATEJKO (110 C1) (*ΩΩ E3*)

Nicht weit vom Bahnhof in einem re noviertem alten Wohnhaus. Geräumige Zimmer, modern eingerichtet. Gute (aber nicht unbedingt ruhige) Lage. *48 Zi. | p J. Matejki 8 | Tel. 0124 22 47 37 | www matejkohotel.pl*

LUXUSHOTELS

Grand Hotel (110 B2) (*ΩΩ D4*)

Der große Name verpflichtet: Im ehemaligen Schloss der Fürstin Marcelina Potocka – eine große Kunstliebhaberin und Schülerin von Frédéric Chopin – wurde 1887 ein Luxushotel eröffnet. Die Zimmer und Apartments wurden mit antiken Möbeln ausgestattet, in vielen der Räume sind Kachelöfen, altes Parkett und Wandmalereien aus der Epoche erhalten. Vier Restaurants, Cafés und Bars bieten jede Menge Gastlichkeit. Im Privatzimmer der Fürstin Marcelina, dem Apartament Książęcy (Fürstenapartment), schlafen Sie unterm Schutz der Himmelsmächte: Die prachtvolle Decke aus dem 16. Jh. ist mit Engelchen ausgemalt. *64 Zi. | DZ ab 900 Pln | ul. Sławkowska 5/7 | Tel. 0124 24 08 00 | www.grand.pl*

Hotel Stary ⭐ ☆ (110 B2) (*ΩΩ D4*)

Das alte Bürgerhaus stammt aus dem 16. Jh., nach mehreren Umbauten dominiert heute die Architektur des 18. und 19. Jhs. 2007 wurde das Hotel als das schönste in Europa ausgezeichnet. Es ist ein Ort für Gäste mit Liebe zur Geschichte, verbunden mit tollem Komfort: Die Zimmer sind mit dunklen Holzmöbeln und Seidenvorhängen ausgestattet, auf dem Boden wurde Parkett aus seltenen exotischen Holzarten verlegt und in den Badezimmern bunter Marmor verbaut. Das Hotel verfügt über ein kleines Wellnesszentrum. Auf dem Dach befindet sich ein Terrassencafé mit einem schönen Blick über die Stadt. *53 Zi. | DZ ab 900 Pln | ul. Szczepańska 5 | Tel. 0123 84 08 08 | www.stary.hotel.com.pl*

Leben wie ein Fürst in Krakau: Das Grand Hotel macht seinem Namen alle Ehre

HOTEL POD WAWELEM ❄ (110 A5) (𝄞 C7)

Das Haus verfügt über kleine, modern und manchmal in grellen Farben ausgestattete Zimmer. Fragen Sie nach einem Raum mit Balkon und mit Blick zur Weichsel. Auf dem Dach befinden sich ein Restaurant und ein Café mit vollem Blick zum Wawel-Schloss und zur Weichsel. Sie laufen fünf Minuten bis zum Rynek Główny. *60 Zi. | pl. na Groblach 22 | Tel. 0124 26 26 26 | www. hotelpodwawelem.pl*

HOTEL POLESKI ❄ (113 D3) (𝄞 C8)

Modernes Hotel, das mit hohem Standard punktet. Auf dem Dach befindet sich in der Sommersaison ein Restaurant mit einem einmaligem Blick zum Schloss. Besonders schön sind die **INSIDER TIPP** ▶ Classic-Panorama-Zimmer mit Blick zur Weichsel und zum Wawel. *20 Zi. | ul. Sandomierska 6 | Tel. 0122 60 54 05 | www.hotelpoleski.pl*

HOTEL POLLERA (110 C2) (𝄞 E4)

Dieses prächtige Haus aus dem Jahr 1834 ist heute ein Hotel, in dem Sie die besondere Atmosphäre vergangener Epochen spüren können. Im Treppenhaus erinnert das **INSIDER TIPP** ▶ Bleiglasfenster von Stanisław Wyspiański an die Jugendstilzeit. Dicke rote und grüne Teppiche, gemütliche Sofas und Lampen im Tiffany-Stil machen das außergewöhnliche Flair des Hauses komplett. Ausnehmend schön sind die Apartments. *45 Zi. | ul. Szpitalna 30 | Tel. 0124 22 10 44 | www. pollera.com.pl*

HOTEL POLONIA (110 D2) (𝄞 F4)

Die Lage des Hauses ist günstig, aber leider gehen die Fenster mancher Räume zur stark befahrenen Hauptstraße hinaus. Besonders schön eingerichtet sind die Apartments, die Möbel aus dem 19. Jh. sorgen für viel authentische Atmosphäre. *62 Zi. | ul. Basztowa 25 | Tel. 0124 22 12 33 | www.hotel-polonia.com.pl*

HOTEL POLSKI POD BIAŁYM ORŁEM
(110 C2) ( E4)

Seit 1913 befindet sich das Haus im Besitz der Fürstenfamilie Czartoryski. Hoher Standard, tolle Lage gegenüber dem Florianstor, mitten in der Altstadt und dennoch sehr ruhig in der Fußgän-

Küche zur Verfügung. *4 Zi. | ul. Siem radzkiego 15 | Tel. 01 26 33 16 15 | www aparthostel.pl*

HOTEL BONA (117 D4) ( 0)

Eine Adresse für Reisende mit dem Auto: ziemlich weit vom Zentrum en

Hoteljuwel mitten in der Altstadt: Hotel Polski Pod Białym Orłem

gerzone. Besonders schöne Apartments mit antik stilisierten Möbeln. *54 Zi. | ul. Pijarska 17 | Tel. 01 24 22 11 44 | www. podorlem.com.pl*

HOTELS €

APART HOSTEL (108 C2) ( 0)

Hier wohnen Gäste auf den drei Etagen eines renovierten Jugendstilhauses mit Garten. Auf einer Etage sind 1–2 Zimmer mit gemeinsamem Bad. **INSIDER TIPP** Sehr zentral und dennoch ruhig: Die Zimmer gehen mit den Fenstern zum benachbarten Klostergarten. Übernachtung ohne Frühstück, dafür steht aber eine voll ausgestattete

fernt, dafür aber mitten im Tyniec-Land schaftspark. *20 Zi. | ul. Tyniecka 167b | Te 01 22 67 57 73 | www.hotelbona.com.pl*

DOM CASIMI (114 C3) ( F8)

Moderne Gästezimmer mitten in Kaz mierz. Einfach, aber hell und einladen eingerichtet. Alles ganz neu und von gu ter Qualität. Fahrradverleih im Haus. *12 Zi. | ul. Szeroka 7/8 | Tel. 01 24 26 11 93 www.casimi.pl*

APARTAMENTY DELTA (110 C2) ( E4)

Fünf Minuten vom Marktplatz entfern gibt es in einem Bürgerhaus mehrere Wohnungen für 2–10 Personen zu mie ten. Jedes Apartment ist in einer andere arbe eingerichtet. *4 Ap. | ul. św. Marka 8 | Tel. 0126 33 2111 | www.apartamenty delta.pl*

APARTAMENTY MIODOWA
(114 B2) *(ຝ F7)*

Apartments und Gästezimmer für 1 bis 8 Personen im Herzen von Kazimierz, modern eingerichtet und schön sonnig, teilweise mit Blick auf die ul. Miodowa. Gegen einen Aufpreis wird Ihnen auch Frühstück serviert. *3 Ap., 3 Zi | ul. Miodowa 21 | Tel. 0124 29 42 07*

NAD RUDAWĄ **(U A3)** *(ຝ O)*

Familienpension in ruhiger Gegend in einem Privathaus mit schönem Garten, inklusive Frühstück, auf Wunsch auch Mittag- oder Abendessen. *8 Zi. | ul. Korboutowej 36 | Tel. 0124 25 36 22 | www. nandb.krakow.com*

OLD CITY APARTMENTS

Unter dem gemeinsamen Markennamen finden sich im Zentrum der Stadt mehr als 30 verschiedene Apartments mit unterschiedlicher Ausstrahlung und Atmosphäre. Gemeinsam ist ihnen die moderne Ausstattung mit neuester Technik. Die Wohnungen der „Gothic"-Serie etwa versetzen Sie mit unverputzten Wänden aus rotem Backstein ins Mittelalter, während *książęcy* („fürstlich") Luxus pur mit antiken Möbeln ist. *Tel. 0606 94 14 83 | www.oldcityapartments.eu*

PENSION TRECIUS ⭐ **(110 C3)** *(ຝ E4)*

In der zentral gelegenen Pension ist jedes Zimmer anders eingerichtet. In einem der Räume wurden gotische Steinsäulen entdeckt und eine Ziegelsteinmauer aus dem 13. Jh. Der Teufel hat hier auch übernachtet – ein Abdruck seiner Pfote ist der Beweis! Für mehr als drei Nächte gibt es 10 Prozent Rabatt. *6 Zi. | ul.*

św. Tomasza 18 | Tel. 0124 24 25 21 | www. trecius.krakow.pl

PIANO GUESTHOUSE **(U C2)** *(ຝ F1)*

Sehr zentral gelegen, im Sommer wird das Frühstück auf der Terrasse serviert, mitten in einem schönen Garten. Vom Hauptbahnhof ist der Transport gratis. Einrichtung mit antiken Möbeln. *6 Zi. | ul. Kątowa 4 | Tel. 0126 32 13 71 | www. katowa4.com*

INSIDER TIPP ▶ HOTEL ROYAL
(110 B6) *(ຝ D7)*

Topadresse unter den billigeren Hotels. Viele Sonderangebote, erkundigen Sie sich telefonisch. Auch ein kleiner Wellnessbereich. Der größte Vorteil ist aber die Lage am Fuß des Wawel-Schlosses. *120 Zi. | ul. św. Gertrudy 26–29 | Tel. 0126 18 40 40 | www.royal.com.pl*

LOW BUDGET

▶ Mit ISIC oder EURO<26 (international anerkannte Ausweise fur Studenten und Gäste unter 26) bekommen Sie oftmals Ermäßigung – nicht nur in Hotels, sondern auch in Museen. *www.euro26.de, www.isic.de*

▶ Für 50 Pln übernachtet man im *Rynek7Hostel* in Zimmern für acht bis zehn Gäste – und das auch noch mit Blick auf die Tuchhallen. Eine Adresse für junge Leute, oft Partys im Haus. Auch Doppelzimmer. *Rynek Główny 7/6 | Tel. 0124 31 16 98 | www. hostelrynek7.pl*

▶ Günstige Unterkünfte finden Sie unter *www.hostel.pl* und *www. krakow30.com.*

STADTSPAZIERGÄNGE

Die Touren sind im Cityatlas, in der Faltkarte und auf dem hinteren Umschlag grün markiert

1

KLEPARZ – GESCHICHTE RUND UM DEN GEMÜSEMARKT

Dieser Spaziergang führt Sie nach Kleparz, ein Bezirk, der bis zum 19. Jh. eine unabhängige Stadt mit großem Handelsplatz, Rathaus und Pfarrkirche war. Besuchen Sie die Kirche, in der Papst Johannes Paul II. das Amt des Vikars ausübte, begegnen Sie Kreuzrittern und schlemmen Sie auf dem größten Viktualienmarkt Krakaus. Der Spaziergang dauert ca. 45 Minuten.

Lange Zeit verfiel Kleparz langsam vor sich hin, viele Häuser waren in sehr schlechtem Zustand, Restaurants oder Cafés gab es überhaupt nicht. Da der Stadtteil in direkter Nähe zum Bahnhof liegt, wurde er als Rotlichtviertel eher gemieden. Heute hat sich alles zum Besseren verändert. Die Umgebung des Bahnhofs wurde saniert und es entstand die **Galeria Krakowska → S. 62**, das zentrale große Einkaufszentrum der Stadt. Starten Sie gleich an der nördlichen Seite der **Barbakane → S. 28**. Sie befindet sich auf dem **Plac Matejki (Matejki Platz)**, in dessen Mitte das monumentale **Tannenbergdenkmal** steht. Das Bauwerk wird von einer Figur des polnischen Königs Władysław Jagiełło hoch zu Ross gekrönt und erinnert an die Schlacht bei Tannenberg, die die polnischen und litauischen Ritter gegen den Kreuzritterorden im Jahr 1410 gewannen. Die große Marmorplatte davor ist dem Unbekannten Soldaten gewidmet und erinnert an alle polnischen Soldaten, die in beiden

Bild: Gemüsemarkt Kleparz

Weltkriegen gekämpft haben. Heute sehen Sie nur noch eine Rekonstruktion des Denkmals von 1910: Während des Kriegs wurde es von den Nazis in die Luft gesprengt.

Auf der linken Seite der Straße steht die **Krakauer Kunsthochschule** *(pl Matejki 3)*, ein Neorenaissancegebäude von 1880. Am anderen Ende des Platzes ist die **Kościół św. Floriana (Florianskirche)** zu sehen. Sie wurde während der Wende vom 12. zum 13. Jh. gebaut, das heutige Aussehen verdankt sie aber überwiegend

der Barockisierung im 17. und 18. Jh. Die dreischiffige Basilika mit zwei Türmen und der Figur des hl. Florian birgt einen besonders interessanten Hauptaltar: Es handelt sich um das Bild des Heiligen aus dem 17. Jh., der ein Feuer löscht. Im Hintergrund ist die Stadt Kleparz zu sehen. In dieser Kirche war Karol Wojtyła von 1949 bis 1951 Vikar und Gemeindepfarrer, hier begann die kirchliche Laufbahn des späteren Papstes. Am Pfarrhaus hängt eine Plakette zur Erinnerung an Johannes Paul II.

Gehen Sie nun zurück zum Matejko-Platz und biegen Sie in die ul. Paderewskiego ein. Vor Ihnen erstreckt sich nun **INSIDER TIPP** der größte *Viktualienmarkt im Herzen der Stadt* (im Sommer tgl. 9–18, im Winter bis 16 Uhr | pl. Kleparski). Hier bekommen Sie alles: Obst und Gemüse, Käse, Schinken und Brot. Am rechten Ende des Platzes verkaufen Bäuerinnen, die nicht selten aus einer Entfernung von über 100 km anreisen, auf Holztischen ihre Spezialitäten (z. B. Käse aus Zakopane). Außerdem gibt es hier einen großen Blumenmarkt.

2

ZWIERZYNIEC – IM GARTEN DER KÖNIGE

Bei dieser Tour geht es vorbei an Kirchen und Klöstern mitten hinein in ein malerisches Villenviertel. Sie verlassen Krakaus Zentrum, kommen hinaus ins Grüne und genießen einen phantastischen Blick über die ganze Stadt. Der Ausflug eignet sich sehr gut als Fahrradtour, die Sie mit einem Abstecher in den Wolski-Wald verlängern können. Ohne diese Verlängerung dauert der Spaziergang ca. 1,5 Stunden.

Starten Sie am Fuß des Wawel-Hügels an der Weichsel und gehen Sie in Richtung der **ul. Kościuszki**. Falls Sie mit dem Fahrrad unterwegs sind, dann fahren Sie weiter die Weichsel entlang. Der Stadtteil **Zwierzyniec (Tiergarten)** umfasst die ehemaligen Jagdgebiete und Gärten der polnischen Könige und die Ländereien des **Klasztor Norbertanek (Klosters der Prämonstratenserinnen)**, das Sie nach rund 10 Minuten erreichen. Im Klosterkomplex leben noch immer Nonnen, deshalb sind diese Gebäude nicht öffentlich zugänglich. Allerdings lohnt sich der Besuch in der zum Komplex gehörenden barocken Kirche des hl. Augustin und Johannes des Täufers (tgl. ul. Kościuszki 88): Die Geschichte des größten Frauenklosters im Land reicht zurück bis ins 12. Jh. Rund 500 Jahre später, als das

Ungewöhnlich, aber dafür umso eindrucksvoller: die hölzerne Kirche der hl. Margarethe

zugehörige Gotteshaus barockisiert und vergrößert wurde, entstand eine einschiffige Kirche mit einer Empore. Hier saßen die Nonnen während der Messe, weil sie keinen Kontakt zur Außenwelt und zu den „Normalgläubigen" haben durften. Nach dem Besuch der Kirche gehen Sie nach links und überqueren die Straße. Der Weg über die **Aleja Waszyngtona** geht weiter den Berg hoch und durch das erste Krakauer Villengebiet. Auf der linken Seite *(ul. św. Bronisłay 3)* sehen Sie ein seltenes Beispiel für sakrale Holzarchitektur: die **Kościół św. Małgorzaty (Kirche der hl. Margarethe)** aus dem 17. h., die leider nur von außen zu besichtigen ist. Sie hat die Form eines Achtecks und diente als Gebetsort für Pestkranke. Zwierzyniec ist heute ein Stadtbezirk, hat aber an vielen Stellen immer noch seinen Vorstadtcharakter bewahrt. Es dominiert Architektur aus dem 19. und frühen 20. Jh., eingebettet in viel Grün. Die Bebauung dieses Viertels stammt aus einer Zeit, als die Idee aufkam, Häuser für mehrere Familien im Grünen am Rand der Stadt zu bauen. Besonders malerisch ist die **ul. Gontyny**.

Wenn Sie der Aleja Waszyngtona weiter folgen, sehen Sie auf der rechten Seite eine der ältesten Kirchen der Stadt, die **Kościół Najśw. Salwatora (Erlöserkirche)** *(nur während der Messe am Sonntag / ul św Bronisławy 9)*. Die einschiffige, romanische Kirche aus Stein wurde im 12. h. gebaut und ist seitdem fast unverändert erhalten.

Während Sie die mit Kastanien bepflanzte Allee weiter bis zum **Kościuszko-Hügel** → S. 20 gehen, kommen Sie an dem auf der linken Seite liegenden **Salwator-Friedhof** mit seinen interessanten Gräbern aus dem 19. Jh. vorbei. Der Hügel selbst wurde von 1820 bis 1823 als Denkmal für den Freiheitshelden Tadeusz Kościuszko aufgeschüttet. Später

befestigten ihn die Österreicher, Reste der Festung aus rotem Stein sind noch zu sehen. Besteigen Sie den 34 m hohen Hügel, um den einmaligen Blick über die Stadt zu genießen *(tgl. 9 Uhr bis zur Dämmerung / Eintritt 6 Pln)*. Auf dem Hügel, im renovierten Teil der Befestigungsanlagen, liegt das Caférestaurant *Kawiarnia pod Kopcem (Aleja Waszyngtona / Tel. 0126 62 20 29)*.

Wenn Sie noch Lust und Kraft haben, spazieren oder radeln Sie weiter Richtung **Las Wolski (Wolski-Wald)**. Er ist die grüne Lunge Krakaus, 435 ha groß und der größte Waldlandschaftspark Polens. Sie finden dort über 40 km Spazier- und Radwege, den **Ogród Zoologiczny (Zoologischer Garten)** → S. 88 und das **Klasztor Kamedułów (Eremitenkloster der Kamaldulenser)** *(tgl. 8–11 u. 15–16 Uhr für 15 Min., nur für Männer, Frauen nur an hohen Kirchenfesten)*. Vom Zoo aus fahren Sie mit dem Bus 134 ins Zentrum zurück *(Fahrradmitnahme)*.

3 GESCHICHTE UND MODERNE KUNST

Dieser Spaziergang führt Sie auf die südliche Seite der Weichsel, durch den Stadtteil Podgórze. Seit 1915 ist der ehemals selbstständige Ort, der 1784 von Kaiser Josef II. Stadtrechte bekommen hatte, ein Bezirk Krakaus – der in den letzten Jahren einen spannenden Aufschwung erlebte: Überall wurden neue Restaurants und Cafés, Museen und Galerien eröffnet, Rad- und Spazierwege entstanden. Auf Ihrer Tour, die Sie auch mit dem Fahrrad unternehmen können, können Sie mit Blick auf die Weichsel Kaffee trinken, moderne polnische und internationale Kunst bewundern oder im Bednarski-Park ein Päuschen machen. Erschütternd ist die Be-

gegnung mit dem ehemaligen Getto, in das die deutschen Besatzer von 1941 bis 1943 den jüdischen Teil der Bevölkerung sperrten. Der Spaziergang dauert ungefähr 2,5 Stunden.

Startpunkt für den Ausflug auf die rechte Weichselseite ist in Kazimierz am **Plac Wolnica**, ihn erreichen Sie am besten mit der Straßenbahn (Linien 6, 8) – falls Sie sich nicht für eine Radtour entschieden haben *(Fahrradverleih in Kazimierz s. Praktische Hinweise)*. Nachdem Sie ausgestiegen sind, geht es zu Fuß weiter, die Straße mit dem Namen **Krakowska** entlang in Richtung Weichsel. Bevor Sie aber jetzt schon den Fluss überqueren, biegen Sie links ab – und können auf der linken Seite einen Blick in Krakaus Kinderjahre werfen: Hier sind noch Überreste der mittelalterlichen Stadtmauer erhalten. Vor Ihnen liegt nun die neue Fußgängerbrücke über die Weichsel, die **kładka Bernatka**. Verliebte Paare haben am Brückengeländer unzählige Vorhängeschlösser angebracht, um sich so die ewige Liebe zu garantieren.

Diese romantische Geste entlässt Sie nach Podgórze: Vor Ihnen liegt eine kleine Grünfläche, um die ein paar Lokale gruppiert sind, darunter – in einem klassizistischen Haus aus der Zeit um die Wende zum 19. Jh. – die Kultkneipe **Drukarnia** *(ul. Nadwiślańska 1 | www.drukarnic podgorze.pl)* und das Restaurant **Cava** *(ul. Nadwiślańska 1 | Tel. 01 26 56 74 56 | www cafecava.pl)*, das sich auf Schneckengerichte spezialisiert hat. Falls das nicht Ihre Lieblingsspeise sein sollte, bietet sich das **Pod Lwem** *(Mo–Sa 8–22, So 9–22 Uhr | ul. Józefińska 4 | Tel. 01 25 19 37 47 37)* als ideales Restaurant für ein leichtes Mittagessen an. Weiter geht es nun geradeaus die **Staromostowa** entlang, bis vor Ihnen der Marktplatz der ehemaligen Stadt Podgórze auftaucht. Am **Rynek Podgórski** liegen das alte und das neue Rathaus sowie die größte Kirche des Viertels, die **Kościół św. Józefa** *(Kirche des hl. Josef: ul. Zamojskiego 2 | jozef.diecezja. pl)*. Besonders charakteristisch für das neogotische Gotteshaus, von 1905 bis 1909 gebaut, ist die Verbindung des ro

Man sieht, dass Kazimierz früher selbstständig war: städtisches Flair auf dem Plac Wolnica

Erinnerungen an das schmerzvolle Leben im Getto in der Apotheke zum Adler

...ten Back- mit dem hellen lokalen Sand- und Kalkstein.

Hinter der Kirche beginnt der **Park Bednarskiego**, eine 12 ha große, grüne Oase, die Ende des 19 Jhs. angegelgt wurde, und der perfekte Ort für eine kleine Pause. Danach geht's zurück zum Rynek Pogdórski, am Platz vorbei und nach rechts in die ul. Limanowskiego. Das neoklassizistische Gebäude an der Ecke (erbaut in den Jahren 1844–1854) ist das ehemalige neue **Rathaus** (ul. Rynek Podgórski 1) der Stadt, in dem heute die Bezirksverwaltung residiert. In der **ul. Limanowskiego** befinden Sie sich bereits auf dem Gebiet des ehemaligen Gettos, in dem Krakaus jüdische Bevolkerung von März 1941 bis März 1943 interniert war. Auf einem Abstecher in die **ul. Węgierska** kommen Sie zur ehemaligen **Synagoge (Synagoga Zuckera)**, die um 1880 gebaut worden war und während des Zweiten Weltkrieges zerstört wurde. In den 1990-er Jahren wurden die Ruinen des Gebäudes von Privatpersonen aufgekauft: Heute befindet sich hier die **Galerie Starmach** (Mo–Fr 11–18 Uhr | ul. Węgierska | www.starmach.com.pl) mit moderner polnischer Kunst.

Zurück in der ul. Limanowskiego, biegen Sie an der nächsten Ampel nach links in die ul. Na Zjeździe ab und kommen so auf den **Plac Bohaterów Getta (Platz der Gettohelden)** → S. 49. Im Museum **Apteka Pod Orłem (Apotheke zum Adler)** → S. 49 wird an die erschütternde Geschichte des Gettos und an den Apotheker Tadeusz Pankiewicz erinnert, der viele Juden vor der Ermordung durch die Nazis rettete. Auf dem weiteren Verlauf Ihrer Tour erwarten Sie in der **ul. Lwowska** originale Überreste der Gettomauern in Form von *macewas* (jüdischen Grabsteinen). Gehen Sie nun in Richtung Eisenbahnschienen, die Sie auf der **Tadeuscza Romanowcza** unterqueren, danach geht es nach links in die ul. Lipowa. Vor Ihnen liegen nun die Gebäude der ehemaligen **Fabrik von Oscar Schindler** → S. 46. Hier zeigt das Städtische Museum die eindrucksvolle Ausstellung „Krakau unter der Nazi-Okkupation 1939–1945". Ebenfalls auf dem Gelände der Deutschen Emailwarenfabrik (D.E.F.) befindet sich Krakaus **MOCAK (Museum für Moderne Kunst)** → S. 47 mit spannenden Ausstellung polnischer und internationaler Künstler.

MIT KINDERN UNTERWEGS

Polen lieben Kinder und sind ihnen gegenüber ziemlich tolerant. Seit einigen Jahren ist im ganzen Land ein regelrechter Nachwuchsboom zu beobachten – kleine Kinder und Kinderwagen an jeder Ecke. Dennoch sind Wickeltische oder entsprechende Stühle und Spielecken in den Restaurants – außer in den großen Einkaufszentren – noch immer eher eine Seltenheit. Auch das Freizeitangebot für (ausländische) Kinder ist in Krakau noch nicht sehr groß. Hier sind also mal wieder die Eltern gefordert: Auf sie kommt es an, den Sprösslingen die vielen alten Häuser im Zentrum, die Drachenhöhle oder das majestätische Schloss als spannende Ziele zu präsentieren.

AKWARIUM I MUZEUM PRZYRODNICZE PAN (AQUARIUM & NATURKUNDEMUSEUM) ●
(110 C5) (*m* E7)

Nirgendwo sonst in Polen sehen Sie so viele exotische Fische, Amphibien und Reptilien. Außer verschiedenen Schlangen, Eidechsen, Schildkröten und Fröschen können Sie hier auch an einem Korallenriff lebende Fische und leuchtende Exemplare aus der Tiefsee bewundern. Exotisch in dieser Umgebung – und zwar nicht nur wegen seiner

Herkunft aus den Regenwäldern Kolumbiens – ist ein Pärchen Lisztaffen. *Mo–Fr 9–20, Sa/So 9–21 Uhr | Eintritt Kinder 14 Pln, Erwachsene 20 Pln | ul. św. Sebastiana 9 | zu Fuß vom Marktplatz 10 Min. | www.aquariumkrakow.com*

AQUAPARK (U D2) (*m* 0)

Die Schwimmbäder und -becken im größten derartigen Komplex Polens haben eine Fläche von 2000 m², die größte Attraktion ist eine 200 m lange Wasserrutsche. Aber auch für die Eltern ist gesorgt: Im Wellnesszentrum werden Yoga- oder Tai-Chi-Kurse angeboten, in den Fitnessräumen und einer Reihe von Saunen kann man seinem Körper Gutes tun. Zur Anlage gehören außerdem ein Restaurant, ein Café und kleine Shops. *Tgl. 8–22 Uhr | Eintritt pro Stunde: Kinder 15 Pln, Erwachsene 19 Pln (mit Sauna 26 Pln), Happy Hour 8–9 Uhr: Kinder 9 Pln, Erwachsene 12 Pln | ul. Dobrego Pasterza 126 | www.parkwodny.pl*

OGRÓD ZOOLOGICZNY (ZOOLOGISCHER GARTEN) (117 D4) (*m* 0)

Der Zoo wurde 1927 anstelle einer Fasanenzucht gebaut und ist einer der ältesten im Land. Auf 20 ha leben über 1500 Tiere, darunter 32 Arten, die vom

Wo die wilden Drachen wohnen: In Krakau ist Phantasie gefragt, dann erlebt der Nachwuchs die Stadt als etwas ganz Besonderes

Aussterben bedroht sind. Besonders interessant für den Nachwuchs dürfte der Minizoo sein, wo Meerschweinchen, Kaninchen, Ponys und kleine Hängebauchschweine auf Streicheleinheiten und Fütterung warten *(Futter vor Ort zu kaufen)*. Auch die schöne Lage des Zoos im Wolski-Wald ist einen Ausflug wert, vor allem im Mai, wenn die Azaleen und Rhododendren blühen.

Mit dem Auto können Sie an Wochentagen bis vor das Tor fahren *(Gebühr 6 Pln)*, am Wochenende müssen Sie das Auto 1 km vom Zoo entfernt parken und den Rest entweder zu Fuß gehen oder den Shuttlebus nehmen. *Tgl. 9–19 Uhr | Eintritt Kinder 10 Pln, Erwachsene 18 Pln | Aleja Kasy Oszczędności Miasta Krakowa 14 | www.zoo-krakow.pl | Bus 134: Hotel Cracovia*

INSIDER TIPP PARK JORDANA
(108 A6) (ⓜ A6)

Auf 20 ha gibt es Spazierwege, Kinderspielplätze, Fußball- und Volleyballfelder, außerdem einen kleinen See, auf dem Sie mit dem Nachwuchs Tretboot fahren können. Der Park von 1889 ist Polens ältester, er wurde extra für Kinder und Jugendliche, für Spiel und Sport eingerichtet. Auf der anderen Straßenseite liegt zudem die größte Wiese der Stadt namens *Błonia*, auf der sich Ihre Sprösslinge ebenfalls austoben können. *Tgl. 9 Uhr bis zur Dämmerung | Eintritt frei | Aleja 3 Maja | Straßenbahn 15, 18: Park Jordana*

TEATR GROTESKA
(108 B–C4) (ⓜ B4)

Das kleine Theater inszeniert polnische und international bekannte Märchen für Kinder, auch als Puppenspiel. Obwohl die Stücke nur auf Polnisch gespielt werden, entfalten sie bei den kleinen Zuschauern ihre ganz eigene Magie. Außerdem organisiert das Theater Krakaus jährliche Drachenparaden. *Tgl. Vorstellung | ul. Skarbowa 2 | Tel. 01 26 33 48 22 | www.groteska.pl*

EVENTS, FESTE & MEHR

Die Krakauer feiern gern und viel – meist auf dem Marktplatz, aber im Juni, während des Stadtfests, wird ganz Krakau zu einer einzigen Bühne. Außerdem finden sich viele weitere Feste unter freiem Himmel im Veranstaltungskalender, dazu Konzerte in der Philharmonie oder in Kirchen und Umzüge auf den Straßen. Infos unter *www.biurofestiwalowe.pl* oder in der Touristinfo (auch Kartenvorverkauf).

FEIERTAGE

1. Jan. *(Neujahr)*; **Ostermontag; 1. Mai** *(Tag der Arbeit)*; **3. Mai** *(Tag der Verfassung)*; **Fronleichnam; 15. Aug.** *(Mariä Himmelfahrt)*; **1. Nov.** *(Allerheiligen)*; **11. Nov.** *(Tag der Unabhängigkeit)*; **25./26. Dez.** *(Weihnachten)*

VERANSTALTUNGEN

MÄRZ

Die ▶ *Dni Bachowskie (Bachtage)* am Ende des Monats werden von der Krakauer Musikakademie organisiert. Während dieser sieben Tage finden Vorträge und barocke Kammerkonzerte (nicht nur mit Werken von Bach) statt, die u. a. von Krakauer Studenten gespielt werden. *www.amuz.krakow.pl*

APRIL

Beim einwöchigen Festival ▶ *Misteria Paschalia* am Monatsanfang finden klassische Konzerte in Kirchen, der Philharmonie und der Oper statt. Thema: Fastenzeit und Ostern. *www.misteriapaschalia.pl* Jazzliebhaber sollten das internationale Festival ▶ *Starzy i Mlodzi czyli Jazz w Krakowie (Alt und Jung – Jazz in Krakau)* nicht verpassen. Berühmte und weniger bekannnte Musiker des Genres geben Konzerte in Jazzkellern, Clubs und Cafés *www.jazz.krakow.pl*

MAI

Während der ▶ *Noc Muzeów w Krakowie (Lange Nacht der Museen)* können Sie alle Sammlungen fast umsonst besichtigen. Als Eintrittskarte gilt eine extra für die Veranstaltung geprägte Münze zu 1 Pln. Die Museumsnacht ist sehr beliebt daher müssen Sie mit langen Warteschlangen rechnen.

JUNI

Zum ▶ *Święto Miasta (Stadtfest)* Anfang Juni gehören Konzerte, Umzüge, Marathonläufe und andere Veranstaltungen. Spektakulärer Höhepunkt ist die ▶ ● *Parada Smoków (Drachenparade)*, bei der die Teilnehmer mit riesigen, bun

Nicht nur beim großen Festival der jüdischen Kultur zeigen die Krakauer der Welt, was Lebenslust und ausgelassenes Feiern heißt

ten Drachenfiguren durch die Straßen der Stadt ziehen.

Das ▶ *Wianki (Weichselkranzfest)* in der Mittsommernacht erinnert an die heidnisch geprägte Zeit, als junge Mädchen in der längsten Nacht des Jahres Kränze ins Wasser ließen, um vom Schicksal einen liebevollen Ehemann zu bekommen. Außerdem im Programm: Konzerte von Weltstars wie Lenny Kravitz oder Jamiroquai und ein Feuerwerk.

In Kazimierz wird das ▶ ⭐ *Festiwal Kultury Żydowskiej (Festival der jüdischen Kultur)* mit Konzerten, Filmen, Ausstellungen gefeiert. Besonders spannend sind die thematischen Führungen in Objekte, die ansonsten geschlossen sind. *www.jewishfestival.pl*

AUGUST

Die ▶ *Targi Sztuki Ludowej (Märkte der Volkskunst)* am Monatsende drehen sich um das Krakauer Kunsthandwerk. Auf dem Rynek Główny gibt es traditionelle Erzeugnisse aus Holz oder Ton.

SEPTEMBER

Das ▶ INSIDER TIPP *Festiwal Sacrum Profanum* ist ein einwöchiges Musikfest, das in untypischer Umgebung stattfindet: in der ehemaligen Schindler-Fabrik beispielsweise oder im Walzwerk in Nowa Huta. Präsentiert wird Musik des 20. Jhs. aller Sparten, von polnischem Jazz über das Ensemble Modern bis hin zu den Elektropionieren Kraftwerk. Klassische Musik, Ballett oder Jazz gibt es in der Philharmonie. *wwww.sacrumprofanum.pl*

DEZEMBER

Zur Tradition gehört der ▶ *Targi Bożonarodzeniowe (Weihnachtsmarkt)* auf dem Rynek Główny (meist ab dem 2. Dezembersamstag). Während des ▶ INSIDER TIPP *Konkurs Szopek Krakowskich (Krippenfest)* werden die schönsten Krippen auf dem Marktplatz ausgewählt und dann im Historischen Museum ausgestellt. *Muzeum Historyczne Masta Krakowa: Eintritt 3 Pln | Rynek Główny 35 | mhk.pl*

ICH WAR SCHON DA!

**Drei User aus der MARCO POLO Community verraten
ihre Lieblingsplätze und ihre schönsten Erlebnisse**

PILGERSTÄTTE ŁAGIEWNIKI

Im Krakauer Stadtteil Łagiewniki befindet sich das Heiligtum der Barmherzigkeit Gottes: Eine moderne Basilika mit einem über 77 m hohen Aussichtssturm, von welchem aus ich die ganze Stadt sehen konnte – bei schönem Wetter ein beeindruckendes Erlebnis! Zum Aussichtssturm führen nicht nur Treppen, sondern auch ein Aufzug. Das Sanktuarium der Barmherzigkeit Gottes bietet Platz für 5000 Personen. Für Wallfahrten ist der Besuch der Pilgerstätte Łagiewniki ein Muss! Allen Pilgern steht als Übernachtungsmöglichkeit das Pilgerzentrum zur Verfügung, welches auch preisgünstiges Essen anbietet. **Felicyta22 aus Augsburg**

SONNENUNTERGANG AN DER WEICHSEL

Wir spazierten von der Krakauer Altstadt zur Drachenhöhle und bis zum Wawel-Hügel hinauf. Da die Sonne im Dezember schon am Nachmittag unterging, konnten wir den phantastischen Sonnenuntergang an der Weichsel genießen. Den Abend ließen wir gemütlich in Harry's Piano Jazz Bar am Marktplatz ausklingen. **argon4811 aus Münster**

ALTSTADT

Nachdem wir uns die Altstadt Krakaus angesehen und die berühmten Tuchhallen besucht hatten, suchten wir ein nettes Restaurant. Wir entschieden uns für das *Europejska*. Das Ambiente war sehr angenehm, im Sommer kann man draußen sitzen mit Blick auf den Marktplatz **playya3108playya aus Dortmund**

Haben auch Sie etwas Besonderes erlebt oder einen Lieblingsplatz gefunden, den nicht jeder kennt? Gehen Sie einfach auf www.marcopolo.de/mein-tipp

LINKS, BLOGS, APPS & MORE

LINKS

▶ en.karnet.krakow.pl Internetmagazin zu allen möglichen Krakauer Kulturthemen von Musik über Literatur, Theater, Ausstellungen, Film bis hin zu Festivals

▶ www.deutsche-und-polen.de Der ARD-Sender RBB beleuchtet auf der gut gestalteten Website die wechselvolle gemeinsame Geschichte Polens und Deutschlands, unter „Orte" findet sich auch Krakau

▶ www.cracow-life.com Der flotte, gut informierte englischsprachige Reiseführer bietet zum Teil auch Seiten auf deutsch

▶ mp.marcopolo.de/kra1 Für Schnäppchenjäger: Eine ZDF-Reporterin berichtet über ihr tolles Wochenende in Krakau – mit nur 100 Euro

▶ mp.marcopolo.de/kra2 Dutzende toller Krakau-Fotos, besonders eindrucksvoll sind die 360°-Fotos von Sehenswürdigkeiten wie der Franziskanerkirche

▶ mp.marcopolo.de/kra3 Kenntnisreiches Porträt der Jazzszene in Polen und vor allem in Krakau

▶ www.wawel.net Unzählige Krakau-Bilder eines Profifotografen

BLOGS & FOREN

▶ eva-in-krakau.blogspot.com Das Blog einer deutschen Studentin in Krakau ist zwar schon etwas älter und wird nicht mehr fortgeführt, bietet aber interessante und unterhaltsame Einblicke in die Krakauer Seele

▶ krakau.wordpress.com Impressionen aus Krakau (2009)

▶ krakowski.blox.pl/html Das Fotoblog „Krakau Tag für Tag" ist zwar leider nur auf polnisch, die tollen Bilder sprechen aber für sich

▶ mp.marcopolo.de/kra4 Weiteres spannendes Fotoblog mit vielen stimmungsvollen Krakau-Bildern

Egal, ob Sie sich vorbereiten auf Ihre Reise oder vor Ort sind: Mit diesen Adressen finden Sie noch mehr Informationen, Videos und Netzwerke, die Ihren Urlaub bereichern. Da manche Adressen extrem lang sind, führt Sie der kürzere mp.marcopolo.de-Code direkt auf die beschriebenen Websites

VIDEOS, STREAMS & PODCASTS

▶ www.krak.tv Die Filmberichte aus Krakau zu den unterschiedlichsten Themen von Kultur bis Sport sind in polnischer Sprache, bieten aber interessante Alltagseindrücke

▶ mp.marcopolo.de/kra5 „Auf der Route des Papstes – Unterwegs in Krakau auf den Spuren von Johannes Paul II." heißt der 45-minütige, sehr atmosphärische Stadtführerpodcast von Domradio.de

▶ mp.marcopolo.de/kra6 Filmporträt über das Unesco-Weltkuturerbe aus der Reihe „Schätze der Welt" des ARD-Senders SWR

▶ mp.marcopolo.de/kra7 Sammlung von über die ganze Stadt verteilten Webcams, die etwa einen Blick auf den Wawel, den Rynek Główny oder die Uni bieten

▶ mp.marcopolo.de/kra8 Bei diesem kurzen Filmchen können Sie live dabei sein, wenn der Trompeter auf der Marienkirche den *hejnał* spielt

▶ mp.marcopolo.de/kra9 Das Finale des Krakow Festival of Jewish Culture ist ein einziges funkensprühendes Klezmer-Konzert

APPS

▶ Polnisch für die Reise – 1001 Redewendungen Sprachführer auf dem iPhone für die Hosentasche, mit Übersetzungsprogramm und Vorlesefunktion

▶ Around me Die App für iPhone und Android sucht die Umgebung ab und bietet eine Liste mit Hotels, Geldautomaten, Restaurants, Kneipen usw.

NETWORK

▶ www.spottedbylocals.com/krakow Was empfehlen die Krakauer selbst ihren Gästen beim Besuch in ihrer Heimatstadt?

▶ www.couchsurfing.org Auch in Krakau hat das weltweite Netz der Couchsurfer viele Anhänger: Rund 3500 Krakauer bieten Reisenden ihre Couch, ihre Gastfreundschaft oder ihre Ortskenntnisse an

▶ www.airbnb.de Ein gemütliches Zimmer in der Krakauer Altstadt für 19 Euro? In diesem Portal für Privatunterkünfte wird man schnell fündig

PRAKTISCHE HINWEISE

ANREISE

🚗 Reisende aus Norddeutschland wählen den Weg über Berlin und Wroclaw (Breslau). Wer weiter südlich startet, nimmt die Route über Dresden oder Prag (Tschechien). Der schnellste Weg von Wien und Zürich führt über Bratislava (Slowakei).

🚆 Alle wichtigen Bahnverbindungen aus Deutschland führen über Berlin nach Krakau *(10 Stunden).* Von Wien sind es rund acht Stunden Fahrt, für Schweizer ist die Anreise per Bahn meist kompliziert und mit viel Umsteigen verbunden.

🚌 Die Reise von Berlin nach Krakau dauert rund zehn Stunden. Von allen großen deutschen Städten gibt es eine tägliche Busverbindung, Fahrpreis hin und zurück ab ca. 100 Euro. Die Busse halten am *Krakauer Busbahnhof (regionalny dworzec autobusowy)* in der ul. Bosacka

✈ Alle nationalen und internationalen Flüge landen auf dem *Kraków Airport (www.krakowairport.pl).* Er wird angeflogen von der polnischen Fluggesellschaft LOT *(www.lot.com),* von German Wings *(www.germanwings.com,* Airberlin *(www.airberlin.com),* Lufthansa *(www.lufthansa.com)* und Austrian Airlines *(www.austrian.com).*
Vom Flughafen nehmen Sie entweder die Busse 292 oder 208, beide fahren bis zum Hauptbahnhof (2,60 Pln), oder den Zug, der Sie direkt zum Hauptbahnhof bringt. Vom Flughafen (200 m Entfernung) fährt ein Shuttlebus zur Station, die Fahrkarte kostet 8 Pln. Der Zug fährt alle 30 Minuten, die Fahrt zum Hauptbahnhof dauert 16 Minuten. Das Taxi ins Zentrum kostet ca. 55 Pln.

GRÜN & FAIR REISEN

Auf Reisen können auch Sie mit einfachen Mitteln viel bewirken. Behalten Sie nicht nur die CO_2-Bilanz für Hin- und Rückflug im Hinterkopf *(www.atmosfair.de),* sondern achten und schützen Sie auch nachhaltig Natur und Kultur im Reiseland *(www. gate-tourismus.de; www.zukunft-reisen.de; www.ecotrans.de).* Gerade als Tourist ist es wichtig, auf Aspekte zu achten wie Naturschutz *(www. nabu.de; www.wwf.de),* regionale Produkte, Fahrradfahren (statt Autofahren), Wassersparen und vieles mehr. Wenn Sie mehr über ökologischen Tourismus erfahren wollen: europaweit *www.oete.de;* weltweit *www.germanwatch.org*

AUSKUNFT VOR DER REISE

POLNISCHES INFORMATIONS- ZENTRUM FÜR TOURISTIK
Kurfürstendamm 71 | 10709 Berlin | Tel 030 2 10 09 20 | www.polen.travel/de

AUSKUNFT IN KRAKAU

Im Zentrum gibt es viele städtische Infostellen *(informacja),* aber auch viele private Infopunkte. Bei den meisten können Sie auch Führungen und Ausflüge, etwa nach Zakopane, Wieliczka oder Auschwitz, buchen und Karten für Konzerte kaufen. In der *ul. Jana 2* **(110 B3)** *(ꙮ D4* bekommen Sie das *Karnet-Magazin*, eine Broschüre, die monatlich erscheint und alle aktuellen Events in Polnisch und Englisch auflistet. Weitere Infostellen: *Wieża Ratuszowa, Rynek główny 1 (Rathausturm)* (110 B3) (🗺 D5); *Małopolskie Centrum Informacji Turystycznej, Rynek Główny 1/3 (Tuchhallen)* (110 B3) (🗺 D5) | www.mcit.pl

AUTO

Auf Autobahnen sind 140 km/h erlaubt, innerhalb von bebautem Gebiet (weiße Schilder) und Ortschaften (grüne Schilder) 50 km/h, von 23 bis 6 Uhr 60 km/h. Häufige Geschwindigkeitskontrollen! Am Tag ist eingeschaltetes Abblendlicht Pflicht, eine Warnweste muss in den Kofferraum.
Wer mit dem Auto anreist, wird auch in Krakau feststellen, dass das Parken alles andere als einfach ist. Die Innenstadt ist in drei Parkzonen unterteilt: Zone A (Zentrum) ist den Fußgängern vorbehalten. In dieser Zone dürfen Sie nur zum Ausladen des Gepäcks zum Hotel fahren, Parken ist überhaupt nicht erlaubt. In der Zone B gilt eine Geschwindigkeitsbegrenzung von 20 km/h, Ihr Auto dürfen Sie nur auf den sehr begrenzt eingerichteten markierten Plätzen abstellen. In der Zone C ist das Parken erlaubt, nachdem Sie die entsprechend Gebühr bezahlt haben: 3 pln fur die erste Stunde an Wochentagen von 10–18 Uhr (am Wochenende umsonst). Den Parkschein bekommen Sie bei der Post, bei einem Straßenverkäufer oder am Automaten (nur Bargeld, die Automaten geben kein Restgeld zurück). Die Minimalgebühr beträgt 1 Pln/20 Min.

BANKEN & WECHSELSTUBEN

In Krakau gibt es nicht nur Filialen aller größeren Banken *(im Allgemeinen: Mo–Fr 7.30–17, Sa 7.30–14 Uhr)*, sondern auch privat betriebene Wechselstuben, *kantor (tgl. 9–19 Uhr)* genannt. Viel einfacher ist es allerdings, wenn Sie an einem der zahlreich in der Stadt verteilten Geldautomaten direkt mit Ihrer EC- und Kreditkarte Bargeld ziehen.

DIPLOMATISCHE VERTRETUNGEN

GENERALKONSULAT DER BUNDESREPUBLIK DEUTSCHLAND
Mo–Fr 9–12 Uhr | ul. Stolarska 7 | 31-043 Kraków | Tel. 01 24 24 30 00 | www.krakau.diplo.de

ÖSTERREICHISCHES GENERALKONSULAT
Mo–Fr 9–12 Uhr | ul. Napoleona Cybulskiego 9 | 31-117 Kraków | Tel. 01 24 21 97 66 | www.bmeia.gv.at

SCHWEIZER BOTSCHAFT
Mo–Fr 9–12 Uhr | al. Ujazdowskie 27 | 00540 Warszawa | Tel. 02 26 28 04 81 | www.eda.admin.ch

EINREISE

Für EU-Bürger und Schweizer reicht der Personalausweis.

GELD & KREDITKARTEN

Die polnische Währung heißt *złoty (1 złoty = 100 groszy)*. Manchmal können Sie in Euro bezahlen, akzeptiert werden aber nur Scheine, das Restgeld bekommen Sie in *złoty*.

GESUNDHEIT

Es gelten die Bedingungen wie für alle EU-Länder. Die Europäische Krankenversicherungskarte garantiert für gesetzlich Versicherte die Behandlung, die Kosten werden zu den Sätzen des Heimatlandes zurückerstattet (Quittungen!). Für weitergehende Leistungen ist eine Reisekrankenversicherung nötig.

INTERNET

www.krakow.pl ist die offizielle Infoseite der Stadt mit aktuellem Veranstaltungskalender. Die umfangreiche Seite *www.cracowonline.com* bietet alle notwendigen Informationen für ihren Aufenthalt. Interessante Hotels finden sich unter *www.krakow-hotel-guide.com,* Apartments unter *www.krakow-apartments.com.*

INTERNETCAFÉS & WLAN

In Krakau gibt es zwei WLAN-Zonen: am Marktplatz *(Netzname: krakow123)* und in Kazimierz in der ul. Szeroka, beide bieten aber nur eine sehr langsame Verbindung. Viele Cafés und die meisten Lokale haben meist schnelleren kabellosen Internetzugang. Meist ist ein (zeitlich beschränktes) Password erforderlich, das Sie kostenlos von der Bedienung bekommen. In der Stadt gibt es außerdem jede Menge Internetcafés. Eine Stunde surfen kostet 2–4 Pln. Im Zentrum: *Cornet (ul. Gołębia 4)* **(110 B3–4)** *(⌁ D5)*, *Planet (Rynek Główny 24)* **(110 B3)** *(⌁ D5)*, *Klub internetowy Szewska (ul. Szewska 21,* **(110 B3)** *(⌁ D4)*, *Internetcafé Bracka (ul. Bracka 3–5)* **(110 B3)** *(⌁ D5)*.

NOTRUF

Polizei *Tel. 997,* Feuerwehr *Tel. 998,* Krankenwagen *Tel. 999*

BÜCHER & FILME

▶ **Ich schwebe über Krakau** – Adam Zagajewski reflektiert in schönster literarischer Form über den Alltag der 1960er-Jahre und erinnert sich an die damals in Krakau wohnenden Menschen – etwa einen Priester namens Wojtyła (2000)

▶ **Das Mädchen im roten Mantel** – Roma Ligocka überlebte als Kind den Holocaust im Krakauer Getto (2000)

▶ **Europa erlesen – Krakau** – Mosaik aus kurzen Texten über Krakau und Kazimierz vor und nach dem Krieg, über polnische Geschichte und Kultur. Von Literaten und Künstlern wie z. B. Alfred

Döblin, K.I. Gałczyński, Ewa Lipska oder Mordechaj Gebirtig

▶ **Der Sohn des Tuchhändlers** – Historischer Roman von Richard Dubel (2008): Der Bildhauer Veit Stoß erlebt 1486 die ersten Judenpogrome

▶ **Schindlers Liste** – In Krakau gedreht, erzählt Steven Spielbergs Film die Geschichte der 1100 von Oskar Schindler geretteten Juden (1993)

▶ **Die Apotheke im Krakauer Getto** – Tadeusz Pankiewicz berichtet über die Zustände im Getto (1982)

ÖFFENTLICHE VERKEHRSMITTEL

Am schnellsten und billigsten sind Sie in Krakau mit Bussen und Straßenbahnen unterwegs, die meist bis gegen 23 Uhr fahren. Eine Fahrkarte *(bilet autobusowy)* kostet 2,50 Pln (3 Pln beim Schaffner). Die Tickets gibt's am Automaten oder in manchen *trafik,* Kiosken, die Zeitungen, Zigaretten und Getränke anbieten. Im Zentrum sind zwei Kartenkioske: *ul. Podwale 3/5* (110 A3) *(M C4)* und *ul. Mogilska 15a* (U C3) *(M J3) (beide Mo–Fr 7–19 Uhr).* Eine Fahrkarte gilt für eine Fahrt, wenn Sie umsteigen, müssen Sie eine neue entwerten. In diesem Fall bietet sich das Stundenticket mit Umsteigeberechtigung an *(3,10 Pln).* Außerdem erhältlich: 24-, 48- und 72-Stunden-Tickets *(10,40 Pln, 18,80 Pln und 25 Pln)* sowie Wochenkarten *(38 Pln).*

ÖFFNUNGSZEITEN

In Polen gibt es kein Ladenschlussgesetz, daher sind die meisten Geschäfte von Montag bis Freitag von 10 bis 18 Uhr geöffnet, am Wochenende meist bis 15 Uhr. Im Zentrum gibt es allerdings Lebensmittelgeschäfte, die bis 22 Uhr oder rund um die Uhr geöffnet haben. Große Einkaufszentren und Ketten sind wochentags bis 22 Uhr und am Wochenende bis 20 Uhr geöffnet.

POST

Briefmarken und Umschläge kaufen Sie bei der Post *(poczta).* Am zentralsten gelegen sind das *Postamt am Plac Wszystkich Świętych 9 (Mo–Fr 8–18 Uhr)* (110 B4) *(M D5)* und das *Hauptpostamt (Mo–Fr 7.30–20.30, Sa 8–14 Uhr | ul. Westerplatte 20)* (110 C4) *(M E5),* rund um die Uhr ist das *Postamt ul. Lubicz 4*

(111 D2) *(M E–F 3–4) (in der Nähe des Bahnhofs)* geöffnet. Postkarte und Brief bis 100 g: europaweit 3 Pln.

RADFAHREN

In Krakau gibt es insgesamt nur 30 km markierte Radfahrwege. Am schönsten und sichersten fahren Sie an der Weichsel entlang (bis nach Tyniec oder Nowa Huta), in Błonia, den Planty und im Las Wolski (Wolski-Wald). Leihfahrräder kosten durchschnittlich 30 bis 35 Pln/Tag. Fahrradverleih: Am zentralsten liegt *Rent*

WAS KOSTET WIE VIEL?

Bier	**ab 2,50 Euro**
	für 0,5 l im Restaurant
Cappuccino	**ab 2 Euro**
	für eine Tasse im Café
Pizza	**ab 6,50 Euro**
	im Restaurant
Kino	**ab 3,80 Euro**
	für eine Karte
Museum	**ab 1,30 Euro**
	für eine Person
Bus	**ab 0,60 Euro**
	für eine Fahrt

a bike (Mai–Okt. tgl. 9 Uhr bis zur Dämmerung | ul św. Anny 4) (110 B3) *(M D5),* in Kazimierz finden Sie *Dwa koła (Mai–Okt. tgl. 9–19 Uhr | ul. Józefa 5)* (114 B4) *(M E8); Art-Bike (tgl. 30–50 Pln, bzw. 5 Pln/Std. | ul. Starowiślna 33a)* (114 B1) *(M F7).*

SICHERHEIT

Krakau gehört zu den sichersten Städten in Polen, normale Vorsichtsmaßnahmen reichen. Nachts in der Innenstadt ist es sicher, Stadtteile wie Nowa Huta oder

Podgórze sollten Sie in der Dunkelheit eher meiden.

Treffpunkt für *Stadtspaziergänge* ist der Plac Mariacki 3 (110 C3) (*ᗑ E5*) (hier bekommen Sie auch die Karten). Führungen auf Deutsch am Mittwoch, Freitag und Samstag. Die Spaziergänge sind aufgeteilt: 9–13 Uhr Innenstadt, am Nachmittag Kazimierz. *50 Pln/Person | Tel. 01 24 31 16 78*

Auf einer Bustour können Sie die Stadt von einem Doppeldeckerbus aus bewundern *(Einstieg Wawel am Hotel Royal)*. Der Bus hält an mehreren Stationen, die Fahrkarte gilt für den ganzen Tag. *36 Pln/Person | Tickets pl. Mariacki 3.*

Die *Kommunistische Tour* lässt die Geschichte der jeweiligen Stadtteile von 1945 bis 1989 Revue passieren *(2,5 Stunden 130 Pln/Person)*, die beliebteste Tour *(4 Stunden)* mit Lunch, einem Glas Wodka, Vorführung eines Propagandafilms und Besuch einer im Stil der damaligen Zeit eingerichteten Wohnung kostet 170 Pln pro Person. *www.crazyguides.pl*

Kutschen für 4–5 Gäste halten am Hauptmarktplatz und in der ul. Kanonicza *(30 Min. Marktplatz bis Wawel | 150 Pln)*. In Krakau dürfen offiziell nur lizenzierte Fremdenführer *Stadtführungen* anbieten. Buchung unter: *Marco der Pole Reisebüro (www.krakau-reisen.com* oder *www.macoderpole.com)*. Ausgefallene thematische Führungen bietet *www.insiders.pl*. Mit der „Nimfa", einem Schiff für ● *Weichselfahrten*, können Sie von April bis Oktober die Stadt vom Fluss aus erkunden. Von Montag bis Samstag starten die Touren von 10 bis 17.30 Uhr, am Sonntag um 10, 13 und 16.30 Uhr und

WETTER IN KRAKAU

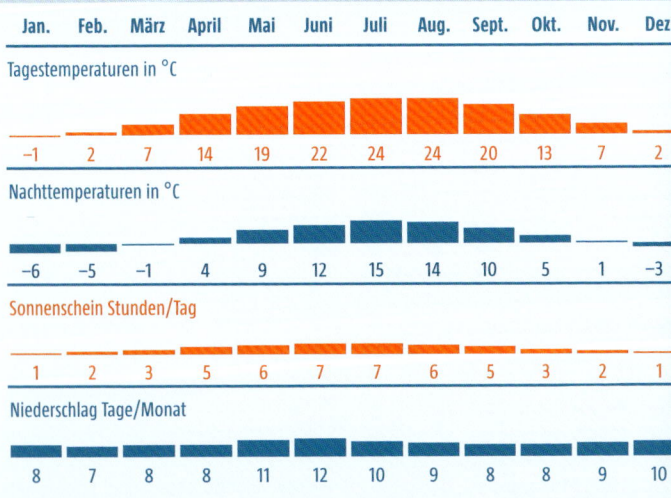

	Jan.	Feb.	März	April	Mai	Juni	Juli	Aug.	Sept.	Okt.	Nov.	Dez.
Tagestemperaturen in °C	−1	2	7	14	19	22	24	24	20	13	7	2
Nachttemperaturen in °C	−6	−5	−1	4	9	12	15	14	10	5	1	−3
Sonnenschein Stunden/Tag	1	2	3	5	6	7	7	6	5	3	2	1
Niederschlag Tage/Monat	8	7	8	8	11	12	10	9	8	8	9	10

kosten 15 Pln. Die letzte Sonntagstour ist kombiniert mit einem Besuch der Benediktinerabtei in Tyniec: Während zu allen anderen Zeiten das Schiff gleich wieder ablegt, hat man dann eine Stunde Zeit, die Abtei zu besuchen und mit der „Nimfa" wieder zurückzufahren *(minimal 20 Fahrgäste | 35 Pln)*. *Bulwar Czerwieński 3, Anlegestelle Przystań Wawel, vor der Grunwaldzki Brücke* (113 D4) *(₥ C8)* | *Tel. 0530 75 07 36 | www.statekkrakow.com*

STROM

220 Volt Wechselstrom, Adapter für den Stecker sind nicht nötig.

TAXIS

Taxifahren ist ziemlich günstig. Im Zentrum gibt es mehrere Taxistände, ansonsten können Sie per Handy einen Wagen rufen. Üblich sind eingeschaltete Taxameter: Beim Einsteigen zeigt es meistens 5 Pln an, dann kostet jeder Kilometer abhängig vom Tarif (Wochen-/Feiertag-, Tag-/ Nachttarif) ab 3 Pln. *Funktaxis z. B. Tel. 91 91, 96 22, 96 88, 4 22 22 22.*

TELEFON & HANDY

Vorwahl nach Deutschland: 0049; Österreich 0043, in die Schweiz 0041. Vorwahl nach Polen: 0048, dann die Krakauer Stadtvorwahl 12 plus die Anschlussnummer. Auch bei Anrufen innerhalb Krakaus (und Polens) müssen Sie die Stadtvorwahl mitwählen, aber ohne Null: 12. Die meisten öffentlichen Telefone sind Kartentelefone, Karten gibt es bei der Post und in den Tabaktrafiken. Eine polnische Prepaid-SIM-Karte (*karta sim*, bei der Post, im *trafik* oder in manchen Buchläden) ist die günstigste Lösung, aber nur, wenn Sie ein Telefon ohne SIM-Lock haben. Falls Sie eine polnische SIM-Karte

WÄHRUNGSRECHNER

€	PLN	PLN	€
1	4,18	1	0,23
5	20,93	7	1,66
7	29,31	20	4,77
15	62,81	30	7,15
25	104,68	80	19,08
30	125,62	150	35,77
40	167,49	250	59,62
60	251,24	700	166,96
75	314,05	900	214,66

kaufen, wählen Sie für das Festnetz 012 plus die Anschlussnummer oder nur die Handynummer. Bei deutschem Handy gilt die Vorwahl 004812.

TRINKGELD

Da Trinkgeld nicht inbegriffen ist, wird die Rechnung aufgerundet. In besseren Lokalen sind 10 Prozent des Rechnungsbetrags üblich.

ZEITUNGEN

In manchen Hotels können Sie internationale Tageszeitungen und Magazine bekommen, ansonsten in der Buchhandlung *Empik* am Marktplatz *(tgl. 9–22 Uhr | Rynek Główny 5)*.

ZOLL

Waren für den Eigenverbrauch dürfen in der EU frei ein- und ausgeführt werden. Schweizer können zollfrei bis zu folgenden Obergrenzen einkaufen: 200 Zigaretten und 1 l Alkohol. Für die Ausfuhr von Antiquitäten, die vor dem 9. Mai 1945 hergestellt wurden, ist eine Genehmigung des polnischen Kulturministeriums nötig. *www.zoll.de*

SPRACHFÜHRER POLNISCH

AUSSPRACHE

Im Polnischen werden Sätze oft in Abhängigkeit vom Geschlecht des Sprechers/ der Sprecherin bzw. des/der Angesprochenen gebildet. In diesem Sprachführer gibt es daher in einigen Fällen zwei Varianten. Die jeweils erste ist die männliche, die zweite die weibliche Form.

AUF EINEN BLICK

ja/nein/vielleicht	tak (tak)/nie (njä)/może (moschä)
Bitte./Danke.	Proszę. (Proschän)/Dziękuję. (Dsiänkujä)
Entschuldigung!	Przepraszam! (Pschäprascham)
Darf ich ...?	Czy mogę ...? (Tschi moschä...?)
Wie bitte?	Słucham? (Suucham?)
Ich möchte .../Haben Sie ...?	Chciałbym/Chciałabym .../Czy ma pan/pani ...? (Chtschaubim/chtschauabim .../Tschi ma pan/panji ...?)
Wie viel kostet ...?	Ile kosztuje ...? (Ilä to kosztujä ...?)
Das gefällt mir (nicht).	To mi się (nie) podoba. (To mi schän (njä) podobba)
gut/schlecht	dobrze/źle (dobsche/schle)
kaputt/funktioniert nicht	rozbity/nie działa (rosbiti/njä dsiaua)
zu viel/viel/wenig	za dużo/dużo/mało (sa duscho/duscho/mawo)
alles/nichts	wszystko/nic (wschistko/niez)
Hilfe!/Achtung!/Vorsicht!	Ratunku!/Uwaga!/Ostrożnie! (Ratunnku!/Uwaga!/Ostroschnijä!)
Krankenwagen	karetka pogotowia (karätka pogotowija)
Polizei/Feuerwehr	policja/straż pożarna (policija/strasch poscharna)
Gefahr/gefährlich	niebezpieczeństwo/niebezpieczny (njäbjespietschenstwo/njäbjespietschni)

BEGRÜSSUNG UND ABSCHIED

Guten Morgen!/Tag!	Dzień dobry! (Dsijänj dobbri!)
Gute(n) Abend!/Nacht!	Dobry wieczór!/Dobranoc! (Dobbri wätschor!/Dobbranottz!)
Hallo!/Auf Wiedersehen!	Witam!/Do widzenia! (Witam!/Do widsenija!)
Tschüss!	Cześć! (Tschesch!)
Ich heiße ...	Nazywam się ... (Nasiwam schän ...)
Wie heißen Sie?	Jak pan/pani się nazywa? (Jak pan/panji schän nasiwa?)

Czy mówisz po polsku?

„Sprichst du Polnisch?" Dieser Sprachführer hilft Ihnen,
die wichtigsten Wörter und Sätze auf Polnisch zu sagen

Wie heißt Du?	Jak się nazywasz? (Jak schän nasiwasch?)
Ich komme aus ...	Pochodzę z ... (Pochodsän s ...)

DATUMS- UND ZEITANGABEN

Montag/Dienstag	poniedziałek/wtorek (ponjädsiawek/wtorrek)
Mittwoch/Donnerstag	środa/czwartek (srodda/tschwartekk)
Freitag/Samstag	piątek/sobota (pijontekk/sobotta)
Sonntag/Werktag	niedziela/dzień roboczy (nijädsijäla/dsijänj robottschi)
Feiertag	dzień świąteczny (dsijänj swijontätschni)
heute/morgen/gestern	dziś/jutro/wczoraj (dsisj/jutro/wtschorai)
Stunde/Minute	godzina/minuta (goddsina/minuta)
Tag/Nacht/Woche	dzień/noc/tydzień (dsijänj/notts/tidsijänj)
Wie viel Uhr ist es?	Która godzina? (Ktura goddsina?)

UNTERWEGS

offen/geschlossen	otwarte/zamknięte (ottwarte/sammknijänte)
Eingang/Ausgang	wejście/wyjście (wejsjzijä/wijsjzijä)
Abfahrt/Ankunft	odjazd/przyjazd (oddjasd/pschijasd)
Toiletten/Damen/Herren	toaleta damska/toaleta męska (toaletta damska/mijänska)
(kein) Trinkwasser	Woda nie zdatna do picia/Woda pitna (Woda sdatna do pidija/Woda pitna)
Wo ist ...?/Wo sind ...?	Gdzie jest ...?/Gdzie są ...? (Gsiä jäst ...?/Gdsiä song ...?)
links/rechts	na lewo/na prawo (na läwo/naprawo)
geradeaus/zurück	prosto/spowrotem (prossto/spawrottem)
nah/weit	blisko/daleko (blisko/daläko)
Bus/Straßenbahn	autobus/tramwaj (autobus/tramwaij)
U-Bahn/Taxi	metro/taxi (metro/taxi)
Stadtplan/(Land-)Karte	mapa miasta/mapa (mapa mijasta/mapa)
Bahnhof/	dworzec/lotnisko (dwaschez/lottnissko)
Fahrplan/Fahrschein	rozkład jazdy/bilet (roskwad jasdi/biljet)
Zug/Gleis	pociąg/tor (posijong/tor)
Bahnsteig	peron (päron)
Ich möchte ... mieten.	Chciałbym/Chciałabym wynająć ... (Chtschaubim/Chtschauabim winajonz ...)
ein Auto/ein Fahrrad	samochód/rower (sammachod/rower)
Tankstelle	stacja benzynowa (stazja besinowa)
Benzin/Diesel	benzyna/ropy (bensina/roppi)
Panne/(Auto-)Werkstatt	awaria/warsztat (awarija/warschtatt)

ESSEN UND TRINKEN

Reservieren Sie uns bitte für heute Abend einen Tisch für vier Personen.	Proszę zarezerwować dla nas na dziś wieczór jeden stolik dla czterech osób. (Proschän saräsärwowwatsch dla nas na dsisch wjätschur stollik na tschtäri ossobbi)
Die Speisekarte, bitte.	Czy mogę prosić kartę? (tschi moschä prossiz kartän?)
Könnte ich bitte ... haben?	Chciałbym/chciałabym ...? (Chtschaubim/Chtschauabim?)
Vegetarier(in)/Allergie	wegetarianin/wegetarianka/alergia (wegetarijanin/wegetarijanka/allergija)
Ich möchte zahlen, bitte.	Proszę o rachunek! (Proschän o rachunek!)

EINKAUFEN

Wo finde ich ...?	Przepraszam, gdzie jest ...? (Pschäprascham, gsiä jäst ...?)
Ich möchte .../Ich suche ...	Chciałbym/Chciałabym ... (Chtschaubim/Chtschauabim ...)
Apotheke/Drogerie	apteka/drogeria (apptjäka/drogerija)
Einkaufszentrum	centrum handlowe (zentrum handlowä)
Kiosk	kiosk (kiosk)
teuer/billig/Preis	drogo/tanio/cena (droga/tannio/zjäna)
mehr/weniger	więcej/mniej (wijänzej/mnijänj)
aus biologischem Anbau	produkt ekologiczny (produkt äkologitschni)

ÜBERNACHTEN

Ich habe ein Zimmer reserviert.	Zarezerwowałem/zarezerwowałam pokój. (Saräsärwowwawem/Ssaräsärwowwawam pockuj)
Haben Sie noch ...?	Czy ma pan/pani jeszcze ...? (Tschi ma pan/panji jäschtscha ...?)
Einzelzimmer	pokój jednoosobowy (pockuj jädnoossobbowi)
Doppelzimmer	pokój dwuosobowy (pockuj dwuossobbowi)
mit Frühstück/	ze śniadaniem/ze śniadaniem i kolacją
Halbpension	(sä schnjadanjäm/sä schnjadanjäm i kolladzjon)
Vollpension	z pełnym wyżywieniem (s peunim wisiwijäniäm)
nach vorne	od frontu (odd frontu)
Dusche/Bad	prysznic/łazienka (prischnjiz/uasiänka)
Balkon/Terrasse	balkon/taras (balkon/taras)
Schlüssel/Zimmerkarte	klucz/karta (klutsch/karta)
Gepäck/Koffer/Tasche	bagaż/walizka/torba (bagasch/waliska/torba)

BANKEN UND GELD

Bank/Geldautomat	bank/bankomat (bank/bankomat)
Geheimzahl	kod PIN (kod PIN)

Ich möchte ... Euro wechseln.	Chciałbym/Chciałabym wymienić ... Euro. (Chtschaubim/Chtschauabim wimänjitsch ... Euro)
bar/ec-Karte/Kreditkarte	gotówka/karta płatnicza/karta kredytowa (gatuwka/karta puatnitscha/karta kreditowwa)
Banknote/Münze	banknot/moneta (banknot/moneta)

GESUNDHEIT

Arzt/Zahnarzt/Kinderarzt	lekarz/dentysta/pediatra (läkasch/dentista/pädiatra)
Krankenhaus/Notfallpraxis	szpital/pogotowie (schpital/pogotowwijä)
Fieber/Schmerzen	gorączka/ból (gorontschka/bul)
Durchfall/Übelkeit	rozwolnienie/nudności (roswolniäniä/nudnusjzi)
Schmerzmittel/Tablette	środek przeciwbólowy/tabletka (sroddeck pschäziwbulowi/tablättka)

TELEKOMMUNIKATION & MEDIEN

Briefmarke/Brief	znaczek pocztowy/list (snatschek potschtowi/list)
Postkarte	pocztówka (potschtuwwka)
Ich brauche eine Telefonkarte fürs Festnetz.	Potrzebna mi karta telefoniczna do telefonu domowego. (Potschebna mi karta telefonitschna do telefonu domowjägo)
Ich suche eine Prepaidkarte für mein Handy.	Szukam karty startowej do telefonu komórkowego. (schukam karti startowej do telefonu komurkowägo)
Wo finde ich einen Internetzugang?	Gdzie znajdę dojście do internetu? (Gdsä snajdjän dojszijä do internetu?)
Steckdose/Ladegerät	kontakt/ładowarka (kontakt/uadowarka)
Computer/Batterie	computer/bateria (komputer/baterija)
Internetanschluss/WLAN	dojście do internetu (dojszjä do internetu)/bezprzewodowy dostęp do internetu (bjespschäwodowi dostän do internätu)

ZAHLEN

0	zero (säro)	10	dziesięć (dsiäschänjtsch)
1	jeden (jädän)	11	jedenaście (jädännaschtchiä)
2	dwa (dwa)	12	dwanaście (dwanaschtchiä)
3	trzy (tschi)	20	dwadzieścia (dwadsiäschzia)
4	cztery (tschtäri)	50	pięćdziesiąt (pänjtschdsiäsjont)
5	pięć (pänjtsch)	70	siedemdziesiąt (schädämdsiäsjont)
6	sześć (schäschtsch)	100	sto (sto)
7	siedem (schädäm)	1000	tysiąc (tischonz)
8	osiem (oschäm)	1/2	jedna druga (jädna druga)
9	dziewięć (dsiäwänjtsch)	1/4	jedna czwarta (jädna tschwarta)

CITYATLAS

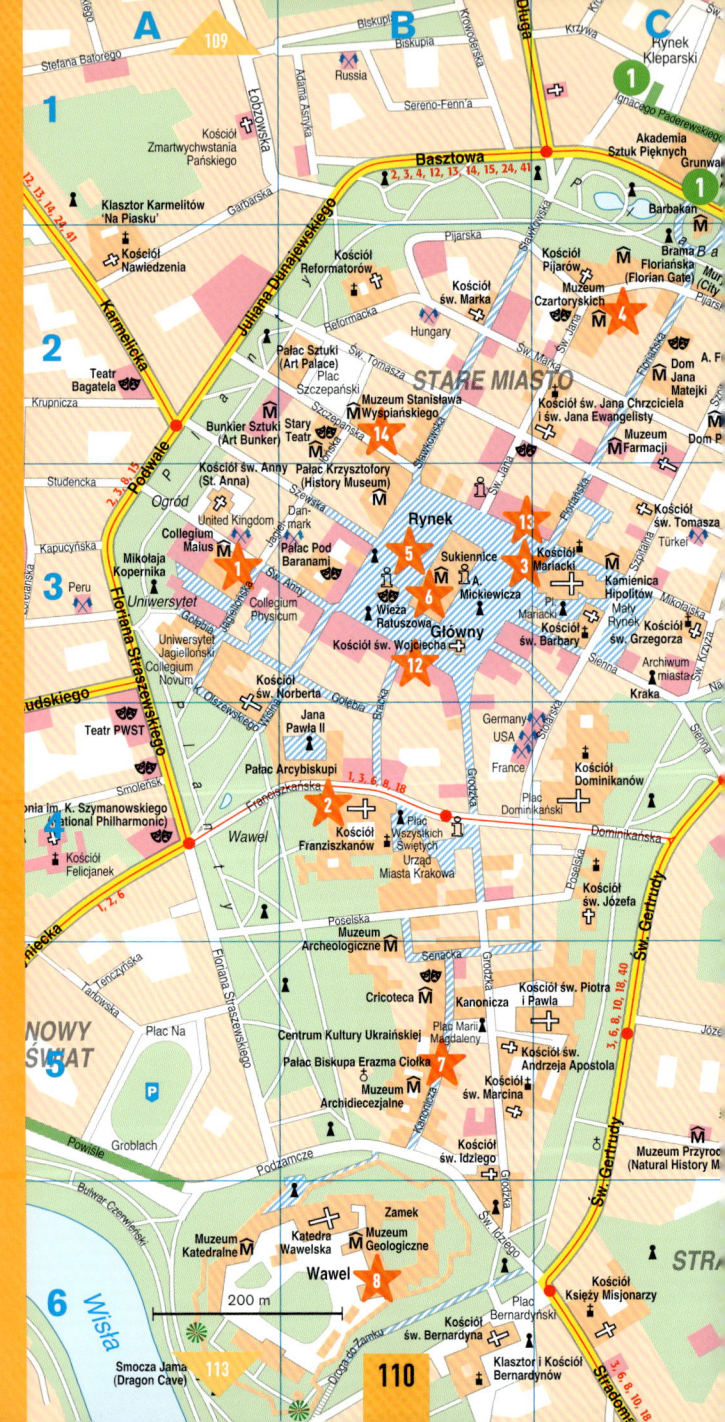

Stefana Batorego

Kościół Zmartwychwstania Pańskiego

Łobzowska

Biskupia

Biskupia

Krowoderska

Długa

Krzywa

Rynek Kleparski

Ignacego Paderewskiego

Akademia Sztuk Pięknych

Grunwa

1

Klasztor Karmelitów 'Na Piasku'

Garbarska

Russia

Sereno-Fenn'a

Basztowa

2, 3, 4, 12, 13, 14, 15, 24, 4

Pijarska

Barbakan

Kościół Nawiedzenia

Karmelicka

Juliana Dunajewskiego

Kościół Reformatorów

Reformacka

Kościół św. Marka

Kościół Pijarów

Muzeum Czartoryskich

Brama Floriańska (Florian Gate)

Mu (City

Pijarsl

2

Teatr Bagatela

Krupnicza

Pałac Sztuki (Art Palace)

Plac Szczepański

Muzeum Stanisława Wyspiańskiego

STARE MIASTO

Hungary

Św. Marka

Kościół św. Jana Chrzciciela i św. Jana Ewangelisty

Dom Jana Matejki

A. F

Podwale

Bunkier Sztuki (Art Bunker)

Stary Teatr

14

Muzeum Farmacji

Dom P

Kościół św. Anny (St. Anna)

Pałac Krzysztofory (History Museum)

Studencka

2, 3, 8, 15

Ogród

Collegium Maius

1

Pałac Pod Baranami

Kapucyńska

Mikołaja Kopernika

Peru

United Kingdom

Szewska

Danmark

Rynek

13

Kościół św. Tomasza

Kościół Mariacki

Türkel

3

Mariacki

5

Sukiennice

Kamienica Hipolitów

Mały Rynek

Kościół św. Grzegorza

Floriana Straszewskiego

Uniwersytet

Collegium Physicum

6

Wieża Ratuszowa

Mickiewicza

Kościół św. Barbary

Sienna

Uniwersytet Jagielloński Collegium Novum

Rynek Główny

12

Kościół św. Wojciecha

Archiwum miasta

Kraka

Kościół św. Norberta

Gołębia

udskiego

Teatr PWST

Jana Pawła II

Germany

USA

France

Kościół Dominikanów

Smoleńsk

Pałac Arcybiskupi

Franciszkańska

1, 3, 8, 18

Plac Dominikański

Dominikańska

nia im. K. Szymanowskiego ational Philharmonic)

Wawel

2

Kościół Franziszkanów

Plac Wszystkich Świętych

Urząd Miasta Krakowa

Kościół Felicjanek

Floriana Straszewskiego

1, 2, 6

Poselska

Kościół św. Józefa

Poselska

Grodzka

Sw. Gertrudy

niecka

Tęczyńska

Tarłowska

Muzeum Archeologiczne

Senacka

Kościół św. Piotra i Pawła

Józe

Cricoteca

Kanonicza

NOWY ŚWIAT

Plac Na

5

Centrum Kultury Ukraińskiej

Pałac Biskupa Erazma Ciołka

Plac Marii Magdaleny

7

Kościół św. Andrzeja Apostoła

1, 6, 8, 10, 18, 40

Muzeum Archidiecezjalne

Kościół św. Marcina

Powiśle

Groblach

Podzamcze

Kościół św. Idziego

Grodzka

Sw. Gertrudy

Muzeum Przyrod (Natural History M

Bulwar Czerwieński

Zamek

Katedra Wawelska

Muzeum Katedralne

Muzeum Geologiczne

Wawel

8

Sw. Idziego

Plac Bernardyński

Kościół Księży Misjonarzy

Stradom

STRA

6

Wisła

200 m

Smocza Jama (Dragon Cave)

113

Droga do Zamku

Kościół św. Bernardyna

Klasztor i Kościół Bernardynów

1, 6, 8, 10, 18

Akademia
Ekonomiczna
Aleksandra Lubomirskiego

Topolowa

Galeria
Krakowska

1

Kraków
Główny
(Central Station)

Ogród
Strzeleckiego

Zygmunta
Augusta

Jana
Sobieskiego

Lubicz

Plac
Kolejowy

Lubicz

4, 10, 14, 15, 40

WESOŁA

2

Słowackiego
Słowacki Theatre

Kościół
Karmelitanek
Bosych

Ludwika Zamenhofa

Szpita

Marii
Skłodowskiej-Curie

Uniwersy

Pomnik
I. Łukasiewicza

Bazylika Najświętszego
Serca Jezusa

Collegi

Kościół Niepokolanego
Poczęcia NP Marii

Gmach Towarzystwa
Lekarskiego

Mikołaja Kopernika

Państwowy Szpital
Kliniczny

3

Medicum

Mikołaja Kopernika

GRZEGÓRZKI

Kościół
św. Mikołaja
(St. Nikolaus)

Mikołaja Zyblikiewicza

Zespół
Klinik
CMUJ

Lubicz

Bonerowska

4

Bł. ko VI

Grzegórzecka

Grzegórzecka

1, 9, 11, 22, 50

Al. Ignacego Daszyńskiego

Wincentego Pola

5

Wrzesińska

ks. Władysława
Gurgacza

Prochowa

ks. Franciszka Błachnickiego

Berka Joselewicza

Michała Siedleckiego

Starowiślna

6

Miodowa

Nowy Cmentarz Żydowski
(New Jewish Cemetery)

Gal
Kazi

Synagoga
Tempel

10

Synagoga

115

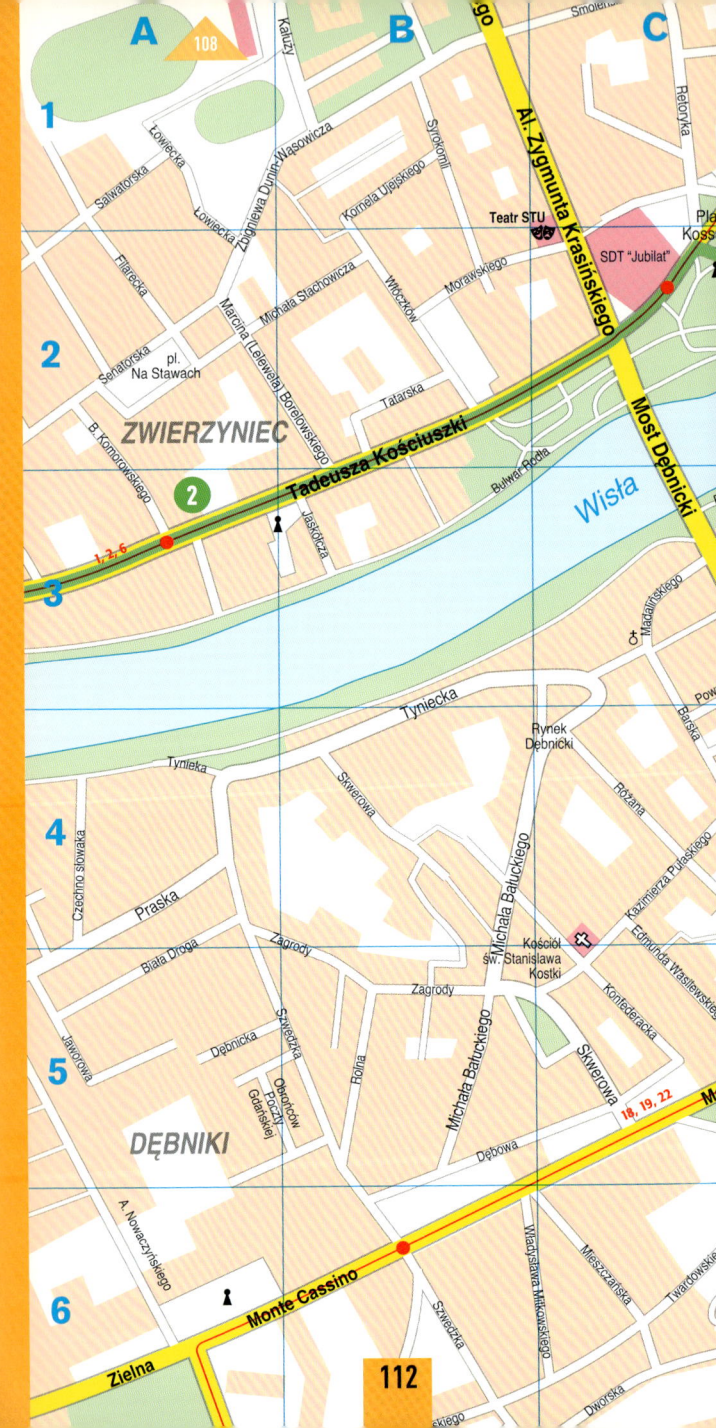

Felicjanek

D

E

Urząd Miasta Krakowa

F

109

Kościół
św. Józefa

Poselska

Muzeum
Archeologiczne M

Senacka

Grodzka

św. Gertrudy

Cricoteca M

Kanonicza

Kościół św. Piotra
i Pawła

3, 6, 8, 10, 18, 40

Centrum Kultury Ukraińskiej

Plac Marii
Magdaleny

Pałac Biskupa Erazma Ciołka

7

Kościół św.
Andrzeja Apostoła

Muzeum
Archidiecezjalne M

Kościół
św. Marcina

2

Kościół
św. Idziego

św. Gertrudy

Muzeum
(Natural His

Tarłowska

Tenczyńska

Floriana Straszewskiego

Plac Na

Centrum Kultury Ukraińskiej

P

WY
IAT

Powiśle

Groblach

2

Podzamcze

Zamek

Muzeum
Katedralne M

Katedra
Wawelska

M

Muzeum
Geologiczne

Wawel

8

św. Idziego

Grodzka

Kościół
Księży Misjonarzy

Plac
Bernardyński

Kościół
św. Bernardyna

Bulwar Czerwieński

Smocza Jama
(Dragon Cave)

Klasztor i Kościół
Bernardynów

Bernardyńska

3, 6, 8, 10, 18, 40

Stradomska

3

Koletek

Bulwar Poleski

Smocza

św. Agnieszki

Kościół
św. Agnieszki

Sukiennicza

arska

Bulwar Czerwieński

Stadion
KS Nadwiślan

Centrum Sztuki i Techniki
Japońskiej ›Manggha‹
M

Józefa Dietla

4

Augustiańska

Orzeszkowej

Paulińska

Zespół klasztorny
Augustianów

ks. Augustyna Kordeckiego

Most Grunwaldzki

18, 19, 22

Bulwar Inflandzki

Wisła

św. Stanisława

Kościół
św. Katarzyny

Rondo
runwaldzkie

11

Paulińska

Kościół
Paulinów

Skałeczna

5

Piekarska

Bałska

Bulwar Wołyński

Kościół
św. Michała i Stanisława

Skawińska

Na Ustroniu

Marii Konopr

Wisła

200 m

6

Hieronima Wiela

Bulwar Inflancki

D | E | F

Wincentego Pola
Kotlarska
Grzegórzecka
1
Ignacego Daszyńskiego
Jana Karola Chodkiewicza
Prochowa
Rzeźnicza
Kotlarska
Semperitowców
Franciszka Blachnickiego
Masarska
Kotlarska

Michała Siedleckiego
2
Cmentarz Żydowski
(Jewish Cemetery)
Galeria Kazimierz
Gęsia
Most Kotlarski

Al. Ignacego Daszyńskiego
Podgórska
3

Halicka
Wisła
Zabłocie
4
św. Wawrzyńca
Podgórska
Zabłocie
Zabłocie
Przemysłowa
Ślusarska

Most Powstańców Śląskich
7, 9, 11, 13, 24, 50, 51
Kraków Zabłocie
Oskar Schindler Factory
3
5
Port Solny
Soyna
Kącik
Lipowa
MOCAK Museum
Port Solny
Nadwiślańska
Soyna
Janowa Wola
Piwna
Na Zjeździe
Plac Bohaterów Getta
Traugutta
Romualda

Krakusa
Targowa
Muzeum Pamięci Narodowej (Apteka pod Orłem)
3
Dąbrówki
Romanowicza

Józefińska
Lwowska
Romualda Traugutta
6
skiego
Józefińska
3, 6, 7, 9, 13, 23, 24
Jana Henryka Dąbrowskiego
GÓRZE
Bolesława Limanowskiego
200 m
św. Benedykta
Czarnieckiego
Remains of Ghetto Wall
51
Krakusa
115
Rękawka

116

117

Das Register enthält eine Auswahl der im Cityatlas dargestellten Straßen und Plätze

KARTENLEGENDE

M̂	Museum
🎭	Stage / Bühne
⚱	Information
✝🕯	Church / Kirche
🕯🏛	Chapel, monastery / Kapelle, Kloster
✡	Synagogue / Synagoge
⊕	Hospital / Krankenhaus
✪	Police / Polizei
🚋	Bus station / Busbahnhof
♟	Monument / Denkmal
🅿	Parking garage / Parkgarage
⚠	Youth Hostel / Jugendherberge
⚔	Consulate / Konsulat
●—	Tram with station / Tram mit Station
🟧	Remarkable building / Bemerkenswertes Gebäude
🟥	Public building / Öffentliches Gebäude
🟩	Green / Grünfläche
⬜	Uncovered area / Unbebaute Fläche
▨	Pedestrian zone / Fußgängerzone
▬	Walking tours / Stadtspaziergänge
★1	Marco Polo Highlights

ALLE **MARCO POLO** REISEFÜHRER

REGISTER

In diesem Register sind alle im Reiseführer erwähnten Sehenswürdigkeiten und Ausflugsziele sowie einige wichtige Straßen und Plätze aufgeführt. Gefettete Seitenzahlen verweisen auf den Haupteintrag.

IMPRESSUM

SCHREIBEN SIE UNS!

SMS-Hotline: 0163 6 39 50 20

E-Mail: info@marcopolo.de

Egal, was Ihnen Tolles im Urlaub begegnet oder Ihnen auf der Seele brennt, lassen Sie es uns wissen! Ob Lob, Kritik oder Ihr ganz persönlicher Tipp – die MARCO POLO Redaktion freut sich auf Ihre Infos.

Wir setzen alles dran, Ihnen möglichst aktuelle Informationen mit auf die Reise zu geben. Dennoch schleichen sich manchmal Fehler ein – trotz gründ-

licher Recherche unserer Autoren/innen. Sie haben sicherlich Verständnis, dass der Verlag dafür keine Haftung übernehmen kann. Kontaktieren Sie uns per SMS, E-Mail oder Post!

MARCO POLO Redaktion
MAIRDUMONT
Postfach 31 51
73751 Ostfildern

IMPRESSUM
Titelbild: Marienkirche, Rynek Główny (Marktplatz), getty Images/The Image Bank: Layda
Fotos: Atelier Femini: Michael Grzywacz (16 M.); R. Freyer (3 M., 7, 44, 50, 54, 56 l., 66/67, 70, 88, 88/89); getty Images/The Image Bank: Layda (1 o.); R. Hackenberg (42); Huber: Gusso (34), Mehlig (18/19), Pavan (35); F. Ihlow (2 M.u., 14, 26/27); © iStockphoto.com: 36clicks (17 u.), Barbara Dudzińska (16 o.); La Gioia: Monika Mroczkowska-Biatasik (17 o.); Laif: Geilert/Gaff (91), Westrich (Klappe l., 10/11); Look: age fotostock (2 M.o., 6, 20, 23, 24 l., 24 r., 86, 94 u.), The Travel Library (12/13); K. Maeritz (Klappe r. , 2 u., 3 o., 4, 8, 9, 25, 30, 32, 37, 38, 40, 46, 48, 52/53, 59, 60/61, 62, 64, 68/69, 72, 76, 80, 82/83, 84, 87, 89); Massolit Books: Martin Kraft (16 u.); mauritius images: Alamy (2 o., 3 u., 5, 56 r., 74/75, 79, 94 o.), 95, 106/107); Transit-Archiv: Hirth (51, 90, 90/91); J. Tumielewicz (1 u.)

2. Auflage 2013
Komplett überarbeitet und neu gestaltet
© MAIRDUMONT GmbH & Co. KG, Ostfildern
Chefredaktion: Michaela Lienemann (Konzept, Chefin vom Dienst), Marion Zorn (Konzept, Textchefin)
Autorin: Joanna Tumielewicz, Redaktion: Jens Bey
Verlagsredaktion: Anita Dahlinger, Ann-Katrin Kutzner, Nikolai Michaelis
Bildredaktion: Gabriele Forst
Im Trend: wunder media, München
Kartografie Reiseatlas: DuMont Reisekartografie, Fürstenfeldbruck; © MAIRDUMONT, Ostfildern
Kartografie Faltkarte: DuMont Reisekartografie, Fürstenfeldbruck; © MAIRDUMONT, Ostfildern
Innengestaltung: milchhof:atelier, Berlin; Titel, S. 1, Titel Faltkarte: factor product münchen
Sprachführer: in Zusammenarbeit mit Ernst Klett Sprachen GmbH, Stuttgart, Redaktion PONS Wörterbücher

BLOSS NICHT

Einige Hinweise für einen gelungenen Aufenthalt in Krakau

ALKOHOL TRINKEN ODER ZIGARETTEN WEGWERFEN

In Polen darf man an öffentlichen Orten keinen Alkohol trinken und an Haltestellen nicht rauchen. Krakau ist eine saubere Stadt und an jeder Ecke steht ein Mülleimer. Wenn Sie beim Wegwerfen einer Kippe erwischt werden, ist eine Geldstrafe fällig.

AUTO FALSCH PARKEN

Krakau ist in drei Parkzonen unterteilt und nur in den Zonen 2 und 3 dürfen Sie mit einem gültigen Parkschein parken. Falls Sie Ihr Auto falsch oder ohne Parkschein abstellen, wird eine „Kralle" an die Räder montiert – und das kostet dann richtig!

GELD AM FLUGHAFEN UMTAUSCHEN

Am Flughafen ist der Kurs meist am schlechtesten, es lohnt sich, in der Stadt die Kurse in den Wechselstuben zu vergleichen. An Sonntagen ist der Kurs meist um ein paar *złoty* niedriger.

KIRCHEN FALSCH ANGEZOGEN BESICHTIGEN

Auch als Tourist sollte man die Regel beachten, Kirchen nicht in kurzer Hose oder in ärmelloser Kleidung zu betreten. Entweder wird Ihnen der Eintritt verwehrt oder Sie werden gebeten, sich etwas überzuziehen. In manchen Kirchen wie etwa der Marienkirche bekommen Sie dann einen Schal. Kopfbedeckung abnehmen nicht vergessen!

LEICHTSINNIG SEIN

Krakau ist eine sichere Stadt, dennoch sollten Sie keine Wertsachen im Auto oder den Fotoapparat auf dem Cafétisch liegen lassen. In besseren Hotels stehen Safes zur Verfügung.

MECKERN

Die Krakauer wissen ganz genau, dass vieles noch nicht perfekt ist, dass die Straßen besser sein könnten, die Bürgersteige repariert gehören und dass es mehr Radwege geben könnte. Die Polen selbst meckern viel und gern, vertragen Kritik von Fremden aber eher schlecht. Also: Sehen Sie am besten die positiven Seiten!

STRASSE ÜBERQUEREN, OHNE ZU SCHAUEN

Auch wenn Sie auf dem Zebrastreifen oder an einer Ampel die Straße passieren, sollten Sie mehrmals nach rechts und links schauen. Denn oft halten Autofahrer nicht an, selbst wenn Fußgänger am Straßenrand stehen. Natürlich ist es auch in Polen Pflicht, zu stoppen – es wird nur selten gemacht.

ÜBER DIE KIRCHE WITZE MACHEN

Die Polen sind zu 98 Prozent römischkatholisch und die Kirche hat nach wie vor sehr große Bedeutung. Deswegen: Auch wenn die Einheimischen über Priester und die Kirche Witze erzählen – Sie sollten es eher lassen.